제가
참사
생존자인가요

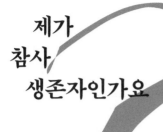

제가
참사
생존자인가요

김초롱 지음

이태원 참사 생존자
김초롱이 건너온
319일의 시간들

아몬드

일러두기

본문 중 실명 및 이니셜로 등장하는 인물의 이야기는 당사자에게 최대한 허락을 구해 실었다. 실명으로 등장하지는 않지만 대면 심리 상담과 정신과 치료 장면의 경우에도 해당 전문가에게 동의를 구했다. 다만 한국심리학회와 국가트라우마센터 전화 상담 장면은 전문가를 특정하기 어려워 사전 동의를 받을 수 없었기에 양해를 구한다.

재난 참사의 모든 진실은 피해자 쪽에 저장되어 있다. 고통은 피해자의 몸과 마음과 생애 속에 녹아든다. 그래서 참사를 개념화하거나 타자화하거나 정치화하지 않고, 피해자의 고통을 경청하고 공감하는 것이 비극에 접근하는 입구다.

이 책은 이태원 참사 '생존자' 김초롱의 삶과 마음이 일시에 무너지고 또 조금씩 추스러지는 과정의 드라마다. 내가 읽기에, 이 책의 가장 아름다운 페이지는 김초롱이 참사 후에 베이비시터로 일하면서 어린아이를 돌보는 행복감을 말하는 장면이다. "아기가 분유를 먹는 모습, 아기 냄새, 아기가 침을 삼키는 소리까지 모든 것이 내게 감동을 주었다. 살아 있는 생명이라는 건 그 자체로 감동인 거구나 싶었다. 그 순간 나도 살아 있길 잘 했다는 생각이 들었다"라고 김초롱은 말했다.(304쪽) 김초롱의 이 말에 덧붙일 말이 나에게는 없다.

김초롱은 책의 마지막에 "돌이켜보면 나를 살린 것은 '연결감'이었다"라고 썼다. '연결감'. 이 세 글자는 사람이 사람에게 다가가서 사람의 위안과 회복이 될 수 있다는 희망의 언어다.

_김훈 소설가

"용기 내주어 고맙습니다." 콘크리트 사이를 뚫고 나와 핀 장미 같은 이 책의 작가에게, 진심 어린 존경과 감사의 마음을 전한다.

트라우마의 피해자는 대개 '내가 잘못해서, 내게 문제가 있어서 벌어진 일'이라며 그 원인을 자기 자신에게 돌리곤 한다. 피해자가 괴로움에 빠져 헤어나지 못할 때, 사회는 '어째서 우리는 당신의 트라우마를 막아주지 못했는가' 하고 대신 자책해주어야 한다. 그것이 건강한 사회의 역할이자 치유의 첫 단추다.

이 과정을 생략한 사회에서, 작가가 참사 현장에 두고 온 스스로를 구해오는 과정을 담은 이 생존 일기는 너무나 진솔하고, 순수하고, 따뜻하다. 동시에 가슴을 후벼 파고, 웃음을 주다가, 마지막엔 먹먹한 감동을 안긴다. 저자의 이 용기 어린 고백은 공동체적 트라우마를 겪은 모두에게, 공덕동의 심리 상담 선생님이 작가에게 그랬듯, 따스한 봄날의 햇살이 될 것이다.

_나종호 예일대학교 정신과 교수

'생존자'. 얼마나 기쁘고 감사한 말인가. 또 얼마나 무섭고 고통스러운 말인가. 이 책을 읽는 내내 내 마음은 "그래도 정말 다행이다"와 "깊이깊이 아프다"를 계속 오가며 갈피를 잡지 못하고 휘청거렸다. 그 휘청거림 끝에 책의 마지막 장을 덮고서 나는 이 책이 이태원 참사 생존자 김초롱 개인의 기록이 아니라는 걸 알게 되었다. 이 참사의 원인이 무엇인지 또 이 사회는 참사를 어떻게 받아들였는지 그 속에서 많은 생존자들과 유가족들은 또 얼마나 어떻게 아팠는지…… 알게 되었기 때문이다.

이 기록은 이태원 참사의 핵심에 관한 기록이며 또 그 참사를 겪은 우리 모두의, 집단의 기록이다. 그리고 결국, 이 기록은 모두에게 질문을 던진다. 우리 삶에 중요한 것은 무엇인지, 이 사회가 놓치고 있는 것은 무엇인지, 우리는 어떻게 살아야 할 것인지…….

이 글을 용기 내어 세상에 보여준 김초롱 작가에게 감사와 위로와 한없는 응원을 보낸다. 그리고 모두가 더 이상 아프지 않기만을 간절히, 간절히 바란다.

_문소리 배우

슬픔을 달래는 유일한 방법은 무언가를 새롭게 창조해내는 것이다. 김초롱 작가가 폐허 속에서 창조해낸 이 책에는 잠들어 살아가는 모든 이들을 소리쳐 깨우는 압도적인 증언들이 가득 차 있다. 이 책은 참사 현장에서 아직 구조하지 못한 수많은 김초롱들을 살려낸다. 그 구조의 손길에는 한국 사회에 살아가며 애도를 빼앗긴 모든 이들의 마음이 연결되어 있다. 빼앗긴 애도를 되찾기 위해서는 먼저 응시해야 한다. 그 일을 해내고야 만 김초롱 작가에게 깊은 존경의 마음을 보낸다.

_하미나 작가

통계 밖의 생존자, 나와 당신에게

자고 일어나니 내 글이 유명해져 있었다. 요즘처럼 글을 읽지 않는 시대에 누적 조회 수 50만 회를 넘겼다. 언론사에서 취재와 인터뷰 요청도 쏟아졌다. 어느 날은 내 글이 공중파 뉴스에 등장하기도 했다. 글의 제목은 "선생님, 제가 참사 생존자인가요?"였다.

2022년 10월 29일, 나는 이태원 참사 현장에 있었다. 참사 직후의 내가 어떤 상태였는지는 지금도 설명하기 어렵다. 그냥 아무것도 모르겠고 어안이 벙벙한 느낌, 현실감각이 소멸된 채 아득하던 기억만 남아 있다. 가슴이 답답해 미칠 듯했던 것만은 또렷하다. 그 심경을 있는 그대로 적어 내려갔다.

글쓰기는 심리 상담 선생님의 권유에서 시작됐다. 괴로워하던 내게 선생님은 하고 싶은 얘기를 글로 써보라고 조언했다. 상담 선생님께 보내는 편지글을 써야겠다고 생각했다. 나는 이태원에서 보고 느낀 것뿐 아니라 처참히 무너진 내 세계에 관한 이야기를 토해내듯 썼다. 그렇게 쓴 글이 그 정도로 화제가 될 줄은 꿈에도 생각하지 못했다. 훗날 공개적인 곳에 글을 쓰는 것이 우울증 치료에 도움이 된다는 이야기를 듣게 되었다. 당시 내 증상이나 병명이 무엇이었든, 내가 한 일이 무너진 정신을 일으켜 세우는 데 도움을 주었음을 깨닫는다. 무엇보다 내가 쓴 글을 읽고 사람들이 달아준 수많은 댓글을 읽으며 꽤 많은 날을 버틸 수 있었다. 수신인 없는 편지를 띄운 뒤, 일면식 없는 사람들에게 예상치 못한 답장을 수십 통 받은 느낌이었다.

글이 순식간에 유명해지고 언론이 경쟁하듯 앞다퉈 보도할 때, 나는 아마도 세상이 무언가 대단히 바뀌리라는 희망을 품었던 것 같다. 착각이었다. 이태원 참사 이후 일 년이 지난 지금, 세상은 아무것도 변하지 않았다. 서울 한복판 길거리에서 159명이 희생됐는데 책임자 중 사과한 사람은 아무도 없었다. 사과는커녕 진상규명조차 제대로 이루어지지 않았다. 발빠르게 보도하던 언론 기사도 점점 줄었다. 연재한 글을 모아

책으로 내보자며 몇몇 출판사에서 연락해왔으나 진행은 흐지부지됐다. 세상이 보내던 관심의 온도는 다른 이슈에 밀려 빠르게 식어갔다. 변하는 건 아무것도 없다는 걸 끝까지 목격한 심정이었다. 듣고 싶지 않은 이야기라면 멈춰야겠다고 생각했다. 그러나 나는, 결국 책을 내기로 했다. 아몬드 출판사의 편집자를 처음 만난 날, 그가 권한 책을 읽고 마음을 굳혔다.

나는 이 고통을 '자원화'할 수 있는 사람이었다. "어떻게 고통과 더불어 살아갈지, 어디에 서서 고통을 바라보아야 할지에 따라서 고통은 다르게 해석된다." (…) '침묵 깨기'의 중요성을 강조한다. "많은 생존자들은 다른 생존자들이 보여주는 용기를 보면서 동기 부여가 된다." (…) 그렇다면 나의 이야기도 타인을 살리는 이야기가 될 것이다.[*]

우리가 사는 세상은 급변하는 것 같지만, 사실 크게 변하지 않는다. 하물며 작은 미물인 내가 이렇게 이야기를 하고 나서 봐야 무엇이 크게 달라지겠는가. 그러나 그렇다고 한들 아

---

[*] 장일호, 《슬픔의 방문》, 낮은산, 2022년, 91쪽과 96쪽(정희진, 《페미니즘의 도전》, 교양인 및 엘렌 베스·로라 데이비스, 《아주 특별한 용기》, 이경미 옮김, 동녘 재인용).

무것도 하지 않고, 아무 소리도 내지 않고 방관자로만 있을 수는 없었다. 게다가 세상은 '크게' 변하지 않을 뿐이지 정말 아무것도 변하지 않는 것은 아니었다. 어떤 사건 이후 우리는 작게라도, 깨우치고 변화한다. '내가 대학에 다닐 때만해도 민주주의 시대가 아니었다', '아이는 무조건 아버지 성을 따라야 하는 시절이 있었다'는 아빠의 얘기를 들으며 놀란 기억이 있다. 삼풍백화점 붕괴 참사를 겪은 뒤, 사람들의 인식이 많이 달라지면서 안전 기준과 건축법을 전면 재검토했다는 사실도 얼마 전 알게 됐다. 이런 것들로, 세상이 느리게나마 변하고 있다는 걸 느낀다. 그것들이 쌓여 언젠가 뒤돌아봤을 때 큰 변화를 목격하게 될지도 모르는 일이다.

이것이 바로 내가 '고통의 자원화' 그리고 '침묵 깨기'를 선택한 이유다. 내 지극히 개인적인 이야기가 혹시 변화의 땔감으로 쓰인다면, 혹시 '타인을 살리는' 기록이 될 수 있다면 좋겠다고 생각했다. 나는 한 번 더, 용기를 내보기로 했다.

책을 쓰기로 한 후, 내 고민은 과연 '어디까지 솔직해야 하는 것인가'였다. 나를 모르는 사람이 어떻게 생각할지를 걱정한 것은 아니었다. 내가 힘들어할 때 내내 오래도록 함께하고 내 곁을 떠나지 않으며 나를 지켜본 이들은, 이 글이 공개된다면 많이 아파할 것 같았다. 왜냐하면 그들에게조차 말하지 않았던 나의 내밀한 이야기들이 드러난 것보다 훨씬 많고, 나는 그것을 처음으로 공개할 작정이기 때문이다. 나의 부모, 죽마고우, 가족 그리고 무엇보다 나를 지극정성으로 돌봐주었던 심리 상담 선생님이 이 책을 보고 슬퍼할까 봐 두렵다. 그러나 너무 많이 마음 아파하지 않기를 바란다. 나의 고통을 '자원화'하여 더 잘 살아보리라는 포부라는 것을 잊지 말아주었으면 좋겠다. 그저 용기 내줘서 고맙다고, 고생했다고 말해주면 좋겠다.

또한 모르는 이들에게 받은 마음을 되돌려주고 싶다. 그들에게 다시 편지를 보내는 마음으로 이 글을 쓴다. 첫 번째 전화 상담에서 '참사를 뉴스로 보고 간접적으로 겪은 우리 모두가 생존자'라는 말을 들었다. 희생자 159명과 부상자 300여 명뿐 아니라 공식적인 숫자에 들지 않는 사람들, '통계 밖의 생존자' 모두에게 이 책으로 안부를 묻고 싶다. 예상치 못한 고통에 하루하루를 버텨내고 있을 이들에게도, 여기 비슷한 고통을 겪으며 살아내는 사람이 있다고 손들어 알려주고 싶다. 우리 모두, 스스로의 고통을 씨앗 삼아 꽃도 피고 열매도 열리고 뿌리도 내려서 종국에는 씨앗은 사라지고 나 자신으로 존재할 수 있기를 바란다.

차례

추천의 말 5

머리말 통계 밖의 생존자, 나와 당신에게 9

__1__

기억들 19

제가 참사 생존자인가요 44

치료하기로 마음먹은 이유 52

아무에게도 말하지 못한 이야기 58

트라우마라는 이름의 애도 64

(초롱의 일기) 언니에게 72

내가 좀 징그러운 인간인 것 같아요 74

(초롱의 일기) 지금도 창피하다고 생각하세요? 81

나였어도 그랬다 87

(초롱의 일기) 관점을 다음번으로 바꿔볼까요 92

다행이라는 말은 하지 말아요 95

(초롱의 일기) 놀러 갔다가 죽은 걸 뭐 그러느냐는 사람에게 102

분노가 시작되었다 106

(초롱의 일기) 세상이 너무 무섭습니다 111

진짜 어른을 찾는 아이들 114

(초롱의 일기) 사과하고, 사과받고 싶었습니다 120

도대체 언제 괜찮아져요 122

판도라의 상자가 열렸다 128

2

눈빛 133

처음이자 마지막 애도 139

당신은 신이 아니다 145

초롱의 일기 이제 그만 인정해주세요 151

왜 저는 가벼워지지 않는 걸까요 155

초롱의 일기 조금 덜, 외로웠으면 좋겠다 158

나에게는 잘못이 없다 161

가족이라는 이름의 무게 165

9시 뉴스에 나오던 날 171

올해도 이태원에 갈 겁니다 180

초롱의 일기 생존자인 저는, 내년에도 이태원에 갈 겁니다 184

그래, 나 어설프다 188

초롱의 일기 10.29 이태원 참사 국회 추모제 발언 전문 193

이해받지 못한 자들의 나라 198

3

슬픔의 방문 203

그렇게 우울증이 시작됐다 206

우울증은 슬픈 게 아니다 212

선생님, 아무래도 저는 망한 것 같아요 218

있잖아. 할머니, 보고 싶어 225

"누구나 재난을 겪을 수 있습니다" 228

초롱에게 238

5개월, 50개월 245

시청률 절정의 드라마 주인공처럼 251

그런데 자살이 나쁜 건가요 256

보고 싶은 선생님께 263

4

너와 내가 아닌, 우리 모두의 이야기 267

파란 눈의 그들이 한국으로 왔다 271

사회적 학대 276

편견과 싸우는 중입니다 282

우울증이지만 명랑한 년이에요 289

해가 뜨는 써니 하우스 295

진짜 사랑이 필요한 건, 결국 어른일 거야 302

내 슬픔에 안녕을 고한다 306

맺음말 고통, 예고 없이 찾아온 친구 309

부록 생존자 그리고 유가족의 짧은 기록 315

1

기억들

사람이 죽은 것을 본 날이었다. 그것도 아주 많은 사람이. 돌아가신 할머니를 제외하고 내 눈으로 직접 죽은 사람을, 그러니까 시체를 목격한 것은 그날이 처음이었다. 가족이 아닌 타인의 죽음을 목격하다니, 차라리 목격과 동시에 그런 일이 벌어졌다는 사실을 알았다면 좀 더 나았을까.

그날은 '평범한 날'이었다. 10월 들어 라디오에서는 가수 이용의 〈잊혀진 계절〉이 자주 흘러나왔다. 나는 "지금도 기억하고 있어요. 시월의 마지막 밤을"이라는 가사를 한 달 내내 흥얼거리며 이태원에서 10월의 마지막 주, 마지막 밤을 보낼 날을 손꼽아 기다렸다. 나는 2016년부터 매년 빼놓지 않고 핼러윈 파티를 즐겼다. 예쁘고 섹시한 코스튬에는 관심이 없었던 터라 그 무렵 내 삶의 낙은 올해는 어떤 우스꽝스러운 코스튬을 할까, 어떤 캐릭터가 귀엽고 재밌을까를 고민하는 일이었다. 게다가 2022년에는 코로나19가 잠잠해지는 분위기였고 실외 마스크 착용 의무도 해제한 상황이라 기대가 더 컸다. 9월부터 한 달 내내 나는 미국 직구 사이트를 샅샅이 뒤지며 웃기고 재미있는 캐릭터 찾기에 열중했다. 파티를 정말 잘 즐기고 싶었다. 이태원 핼러윈에서는 아리땁고 멋진 공주나 왕자보다 마블 히어로스나 디즈니 만화영화 캐릭터를 실감 나게 따라 한 코스튬이 인기를 끌었다. 인기의 척도는 지나가던 사람들이 나를 붙잡고 "같이 사진 한 번만 찍어주세요" 하고 요청하는 일이 얼마나 많은지로 알 수 있었다. 파란 라이언이나 뽀로로, 초록 얼굴 피오나 공주를 따라 한 나는 늘 인기쟁이였다. 올해도 그 인기를 놓칠 수 없다는 생각에 나는 도널드덕 코스튬을 구매한 뒤 마치 어린아이처럼 그것이 배송되기를 기다렸다.

#1 10월 29일, 18시 30분

그날 아침 나는 주말 동안 먹을 것을 사기 위해 장을 보러 갔다. 오늘은 술을 마실 테니 운동도 해야 한다며 따릉이로 홍제천을 열심히 달렸다. 선명히 기억난다. 가을바람이 좋다, 바람이 살갗에 닿는 느낌이 좋다, 오늘 얼마나 재밌을까, 속으로 기대했던 그 순간이 여전히 또렷하다. 집으로 돌아가는 길에 친구와 전화 통화를 했다. 까르르 웃으면서 "이따가 이태원에서 보자. 넌 무슨 분장할거야? 뭐? 가오나시를 한다고? 대박, 기대한다"며 전화를 끊었다. 비록 열심히 준비한 도널드 덕 코스튬이 유아 사이즈여서 크게 당황했지만(실수로 잘못 주문했다), 이 일조차 나중에 떠올리며 웃어넘길 에피소드로 남겠거니 생각했다. 어서 약속 장소로 갈 준비를 해야 했다. 급한 대로 피가 잔뜩 묻은 간호사 코스튬을 떠올렸다. 처음 해보는 콘셉트에 '이런 것도 나름 재밌고, 좋네' 하며 이태원으로 향한 시간은 18시 30분이었다.

19시 30분에 녹사평역에서 친구들과 함께하는 핼러윈 파티를 약속한 상태였다. 나는 이태원역에서 내려 코스튬을 한 사람들을 구경하며 약속 장소인 녹사평역까지 한 정거장을 걸어갈 생각이었지만 그럴 수 없었다. 지하철이 이태원역에 도착했을 때 인파가 어찌나 엄청나던지 내리기를 포기했다. 그 인파를 헤치고 가려면 에너지를 너무 써야 할 것 같았다. 결국 녹사평역에서 파티를 즐긴 뒤 핼러윈 피크타임인 21시 이후에 이태원으로 가서 사람 구경을 하며 놀기로 계획을 변경했다. 녹사평역 근방에서 파티가 있었음에도 이태원에서 내리려고 한 이유는, 해밀턴 호텔 뒷골목에 가기 위해서였다.

'해밀턴 호텔'은 이태원의 랜드마크다. 동네마다 대표적인 약속 장소가 있는 것처럼 "이따가 해밀턴 호텔 앞에서 봐" 하고 약속하는 고유명사 같은 곳이다. 언론은 그날 참사가 벌어진 해밀턴 호텔 뒷골목이 '유명 술집과 클럽'이 모여 있는 메인 스트리트였다는 점을 집중 보도했다. 물론 이 보도에 거짓은 없다. 하지만 그것만이 전부는 아니다. 그 거리를 '유명 술집과 클럽'의 상징으로만 치부하는 것이 나는 답답했고 외로웠다.

잘 알려진 것처럼 이태원 지형은 작은 골목길이 많고 매우 협소하다. 그런데 딱 해밀턴 호텔 뒷골목에는 넓은 공간이 있다. 다른 골목처럼 양옆으로 술집이 늘어서 있지 않아 공간을 확보할 수 있고, 핼러윈 파티를 즐기는 수많은 코스튬을 구경하고 함께 사진 찍기에도 안성맞춤이라 대부분 이곳으로 몰려든다. 다시 말해 일상에서 볼 수 없는 '재밌고 멋진 사람들을 보기 위해서는' 해밀턴 호텔 뒷골목으로 가야 했다. 그곳은 핼러윈이 아닌 평상시에도 '사람 구경'하러 가기 좋은 곳이다. 멋지고 아름답고 소위 '힙'한 패셔니스타들을 볼 수 있는 곳이었으니까. 지루하고 갑갑한 일상이 이어지면 나는 멋진 사람들, 세상 힙한 인간들을 보고 싶은 마음에 그곳을 자주 찾았다. 그 거리에 유명 술집과 클럽이 있었던 것뿐이다.

#2 10월 29일, 21시 10분

한 시간 반가량 이어진 파티를 마무리하고 친구와 함께 이태원으로 가기 위해 길을 나섰다. 평소에는 걸어서 15분이면 갈 수 있는 거리지만 사람이 많다 보니 30분 넘게 걸려 해밀턴 호텔 뒷골목의 세계음식문화거리에 도착했다.

녹사평역에서 세계음식문화거리로 향하는 길은 정말 사랑스럽고 아름다웠는데, 그 광경이 아직도 생생하다. 녹사평역 근처에서 초등학교 아이들이 저마다 마법사 분장을 하고 소리 지르며 뛰어 놀던 모습이 가장 먼저 떠오른다. 아이들이 열심히 준비해서 꾸민 코스튬도 사랑스러웠고, 깔깔거리는 웃음소리는 듣는 사람도 덩달아 미소 짓게 했다. 엄마 아빠 손을 잡고 나와 사탕 바구니를 들고 다니는 아이들, 사탕을 내밀며 수줍게 웃던 그 말간 얼굴과 눈빛도 선명하다. 가족 세 명이 모두 '콘헤드 분장'을 하고 몰려다니는 걸 보고 친구와 한참을 웃었던 것도 생각난다. 이소룡도 있고, 디즈니 공주도 있고, 스누피, 백설공주, 신데렐라, 엘사까지 참 다양했는데 지구상에 존재하는 모든 만화영화의 한 장면이 이태원 골목마다 삽입되어 있는 느낌이었다.

어른이고 아이고 할 것 없이 모두 얼굴에는 웃음꽃이 가득했다. 우린 모두 몸만 큰 어린아이였다. 놀이동산 같았다. 일 년 중 10월 마지막 주 이태원만 이런 게 아니라 매일의 일상이 이렇게 놀이동산 같으면 좋겠다고 생각했다.

#3 10월 29일, 21시 50분

세계음식문화거리 입구에 도착한 친구와 나는 천천히 해밀턴 호텔 뒷골목을 향해 걷기 시작했다. 이태원에 왔으면 한 번쯤은 거기에 가야지 하는 그곳으로. 지금은 참사 현장으로 기록되는 그곳으로. 처음 도착한 세계음식문화거리 초입에는 사람이 아주 많았지만, 내 의지로 걸어 다닐 수 없을 정도는 아니었다. 그런데 참사 현장 쪽으로 다가갈수록 실시간으로 사람이 급격히 늘어나는 느낌이었다. 어디서 이렇게 많은 사람이 들어오는 건지 궁금할 정도였다. 진입할 수 있는 모든 곳에서 사람들이 진입하는 느낌이었다.

그 와중에도 재밌는 코스튬을 한 사람들이 내 눈을 사로잡았고, 그때 '녹색 어머니회' 친구들을 만났다. 건장한 남자

아이 여섯 명이 모두 어머니 가발을 쓰고 녹색 어머니회 모자와 복장을 하고 빨간 립스틱을 바른 채, 사람들과 즐겁게 인사를 나누고 있었다. 그 모습이 어찌나 웃기던지 나는 그들을 바라보며 "엄마, 여기 왜 나와 있어. 얼른 집에 들어가!" 하고 농담을 건넸다. 그때는 몰랐다, 이 친구들을 이후에 그리워하게 될 줄은. 살아있기를 간절히 바라고 무사하기를 빌게 될 줄은.

#4 10월 29일, 22시 이후

해밀턴 호텔 뒷골목으로 향하는 동안 내 머릿속에서 두 가지 생각이 오락가락했다. '이상하다, 뭐 괜찮겠지. 이상하다, 뭐 괜찮겠지.' 참사 현장을 끼고 있는 와이키키 비치펍 앞에 도착했을 무렵 같이 간 친구가 소리쳤다.

"이건 노는 게 아니야. 여기서 나가야 해. 다른 데로 가자!"

그런데 우리 의지대로 몸을 움직일 수 없었다. 원인 모를 힘에 밀려 둥둥 떠다니는 상태였는데 여기서 몸에 힘을 주거나 난리를 치면 나만 더 힘들어질 것 같았다. 최대한 힘을 빼고 그냥 밀리는 대로 밀려갔다. 그때 친구를 놓쳤다. 한 발 한 발 내디딜 때마다 숨이 턱턱 막히는 상황이었으나 조금만 버티면 사람 무리가 풀리겠거니 생각했다. 그러나 어느 순간부터는 주변 상황이 보이지 않았다. 앞뒤로 사람이 많은 것뿐 아니라 고개를 들면 키 큰 성인 남성들이 사방으로 서 있었기 때문에 상대적으로 작은 나는 내 바로 옆에 있는 사람 말고는 볼 수 없었다.

"밀지 마세요! 밀지 마시라고요, 아악!"

여기저기서 사람들이 성질을 부리고 짜증을 내는 소리가 점점 커졌다. 귀가 따가워서 양손으로 귀를 막았다. 그 순간 갑자기 발이 땅에 닿지 않았다. 순식간의 일이었다. 그 1초 만에 전후 상황이 달라졌다.

처음에는 등이 아팠다. 그러다 곧 앞쪽에서도 압력이 가해졌다. 앞뒤로 세게 압박이 가해지니 숨을 쉴 수가 없었다. 나는 '억' 하는 소리와 함께 몇 초간 아무 소리도 내지 못하고 움직일 수도 없었다. 공포심이 밀려들었다. 그런데 이상하게도 나만 발이 땅에 닿지 않는 것 같았다. 내 바로 앞에 서 있는 남자들에게는 아무 일도 일어나지 않은 듯했다. 그들은 여전히 옆 친구와 짜증 섞인 대화를 주고받고 있었다.

조바심과 공포 속에서 어쩔 줄 모르던 그때 내 뒤에 있던 사람이 "가게 벽으로 좀 붙으세요"라며 나를 확 밀쳤다. 순식간에 나는 와이키키 비치펍 벽 난간 쪽으로 밀렸고 동시에 다시 발이 땅에 닿았다. 그때도 나는 '어우, 이제 좀 살겠다. 이상하네, 사람이 왜 이렇게 많아'라고 느꼈을 뿐 무슨 일이 벌어지고 있는지 전혀 알지 못했다. 그저 그 상황이 너무 복잡하고 힘들어서 빨리 그곳을 벗어나고 싶은 마음뿐이었다. 내 근처에 있던 어떤 남자가 특정 대상이 아닌 모두에게 외치듯 계속해서 '벽에 등을 대야 산다'고 말했다. 나는 그 말을 들으며 '왜 저렇게까지 소리치는 거지? 정말 이상하다'라고만 생각했다.

갑자기 사람들이 입을 모아 "뒤로! 뒤로!"라고 외치기 시작했다. 그제야 인파가 참사 현장의 반대 방향으로 몸을 돌렸다. 나는 '드디어 누군가 통제를 하나 보다. 이제 사람들이 빠지겠다'고 생각했다. 그 흐름을 따라 반대편으로 몸을 돌렸을 때, 와이키키 비치펍에서 누군가가 나오는 게 보였다. 처음에는 너무 많은 사람이 가게 입구를 막고 있으니 그것을 해결하러 나온 것 같았다. 짜증 섞인 목소리로 "여기서 이러시면 안 돼요, 막지 마세요" 하면서 걸어 나오던 그의 시선이 이내 어딘가에 멈췄다. 그러더니 말없이 자물쇠로 굳게 잠겨 있던 사이드 문을 개방했다. 나는 그 공간에 잠깐 몸을 피했고 비로소 편하게 숨을 쉴 수 있었다. 그렇지만 "여기 오래 있으면 안 된다"라는 말에 다시 일어나 걷기 시작했다.

#5 10월 29일, 22시 40분경

최종적으로 내가 도착한 곳은 와이키키 비치펍 바로 옆 가게인 새마을회관이었다. 두 가게 사이는 엎어지면 코 닿을 거리로, 정말 몇 백 미터도 채 되지 않을 정도로 가까웠다. 그렇게 가까운 옆 가게에 도착하는데도 족히 20분이 넘게 걸렸다. 꽉 찬 사람들 사이에서 나는 길에 고립된 채 오랜 시간을 보냈다.

두 가게 사이에는 아주 작은 모자 가게가 있었는데 그곳에서 한 여자를 목격했다. 어정쩡하게 두 팔을 쭉 뻗어 모자 가게 문을 지탱하고 엉덩이는 최대한 뺀 채 서 있어서 이상하다 싶었는데, 몸 아래쪽을 보니 다른 여자가 쓰러져 있었다. 서 있는 여자가 자신의 몸으로 다른 여자를 보호하고 있는 듯 보였다. 나는 당연히 주취자라고 생각했다. 핼러윈이니까 흥에 겨워 술을 많이 마셨겠지. 그러다 우연히 서 있는 여자의 통화 내용을 듣게 됐다.

"경찰에 신고했어. 몇 번이나 했는데 아무도 안 와. 사람이 많아서 그런가? 아무튼 신고를 해도 아무도 안 와. 어쩌지?"

순간 도와주어야 하나 생각했지만, 몸을 움직일 수 있는 상황이 아니어서 그만두었다. 곧 경찰이 오겠거니 했다. 이때도 몰랐다. 시간이 흐를수록 이 두 여성을 그리워하게 될 줄은.

새마을회관에 도착한 것은 목적이 있어서가 아니었다. 마침 그곳에 있던 친구가 나를 발견하고 소리친 덕이었다. 나와 같이 간 친구 역시 사람 사이에 끼어 몹시 힘들어하고 있었는데, 그때 술집에서 테라스로 들어와 좀 쉬라며 배려해준 덕에 대피하고 있던 참이었다. 역시나 그 길에 끼어 있던 나를 본 친구는 다급히 소리쳤다. 옆에 있던 술집 사장님은 친구 사이면 여기 들어와서 잠깐 같이 대피하라고 말했다.

우리 일행은 모두 세 명이었는데 친구 하나가 보이지 않았다. 그 친구의 행방을 묻자 나와 함께 그 친구도 놓쳐서 모르겠다는 답변이 돌아왔다. 설상가상으로 그 친구의 휴대전화와 핸드백을 내가 들고 있었다.

새마을회관으로 대피하자마자 나는 다시 거리로 나갔다. 친구를 찾아야 했다. 당시 아무것도 몰랐던 나는 참사 현장 쪽으로 걸어갔다. 그게 얼마나 위험한 행동이었는지 지금 다시 생각해도 아찔하다. 사람이 많아 두리번거리고 있는데 새마을회관에 있던 친구에게서 전화가 왔다.

"위험하니까 그냥 돌아와. 그냥 아무것도 하지 말고 돌아와. 걔는 어디서든, 어떻게 해서든 우리를 찾을 거야."

솔직히 더 안쪽으로 들어가 놓쳐버린 친구를 찾고 싶었지만 불안해하는 친구 목소리를 들으니 얼른 돌아가야겠다는 생각이 들었다. 그때 친구 말을 들은 것이 내게는 행운이라면 큰 행운이었다.

새마을회관으로 돌아와 다시 친구도 만났고 잠깐 머무는 곳이 마침 술집이기도 하니 '이제 좀 놀 수 있겠다' 싶었다. 어차피 이렇게 된 거 놀면서 기다리자 했다. 우리는 요즘 유행하는 소주를 먹어보자며 주문하고는 술집 안에 있는 코스튬 복장의 다른 손님들과 자연스럽게 대화하며 술잔을 부딪쳤다. 그렇게 한 30분을 보냈다.

술을 마시면서도 나는 길거리 상황을 자주 확인했는데 어쩜 그렇게 사람이 줄어들지 않고 계속해서 해밀턴 호텔 뒷골목 쪽으로 밀려드는지 신기했다. 누구라도 붙잡고 "저기 사람 엄청 많아요. 가지 마세요. 노는 게 아니에요"라고 말해주고 싶은 심정이었다. 이제와 생각하니, 누구도 통제하지 않은 이런 상황 때문에 구조대원의 현장 진입이 늦어진 것이겠구나 싶다.

우리가 새마을회관에서 시간을 보내는 동안에도 길거리에 꽉 찬 사람들은 빠져나갈 기미를 보이지 않았다. 너무 붐벼서 새마을회관 아르바이트생이 테라스에 앉아 있는 손님을 보호하기 위해 몸으로 가게의 벽 역할을 해야 했다. 사람이 너무 많이 밀려들어 아르바이트생 몸이 가게 안으로 쏟아지듯 넘어질 뻔하기도 했다. 지금 와서 생각해보면 밤 22시 40분 이후까지도 참사 현장 근처에 이렇게 사람이 많았다는 것이 믿기지 않는다. 공식적인 사고 발생 시각은 22시 15분경이었다. 그 사이 구조 공백이 있었다는 건 자명했다. 수많은 인파 속에는 구조대원들도 섞여 있었다. 그들은 구조를 위해 군중 사이로 들어와 있었으나 인파는 통제되지 않았다. 그것이 참사의 근본적인 원인이었다.

#6 10월 29일, 23시 5분에서 7분

새마을회관 테라스에 머무는 동안, 우리는 바로 앞에서 길거리 인파에 밀려 오도 가도 못하는 텔레토비 코스튬을 착용한 네 명의 친구를 만났다. 그들과 우리는 새마을회관 테라스 경계를 사이에 두고 가까이 붙어 있었다. 그들에게 술을 한 잔 건네주며 대화를 나눴다. 너무 귀여워서 영상을 찍어도 좋다는 허락을 받고 그들을 촬영하기도 했다. 그 영상을 찍을 때는 몰랐다. 텔레토비 친구들 뒤로 사람이 한 명 두 명 실려 나가는 장면이 찍혔을 줄은. 이 영상이 찍힌 23시 5분에서 7분 무렵, 나는 언론에서 등장한 경찰관을 직접 목격했다. 그는 목이 터져라 외쳤다.

"제발 통제에 따라주세요. 앞에서 사람이 깔려 죽었어요!

제발 이리로 진입하지 마세요."

번뜩 정신이 들었다. '사람이 죽었다니, 말도 안 돼. 그런데 저 사람, 경찰이 맞나?' 새마을회관 아르바이트생도 코스튬으로 경찰복을 입고 있었다. 지금 생각해보면 디테일이 달랐으나 당시에는 비슷해 보였다. 경찰 '혼자' 그렇게 외치는 것도 그렇고 에이, 설마 하는 마음도 컸다. 그래도 그때부터 나는 술잔을 내려놓고 길거리를 정면 응시했다. 곧이어 참사 현장 쪽으로 고개를 돌렸다. 이때부터 사람들이 줄어들기 시작했다. 저 멀리서 사람이 픽픽 쓰러지는 게 보였다. 갑자기 눈앞에 미군이 등장했다. 누가 봐도 미군이었다. 아래위로 베이지색 군복을 입은 그들이 떼를 지어 골목으로 진입하는 것을 보고 나는 조금씩 이상함을 감지했다. 미군들이 진입하는 사람을 막기 시작하자 길에서 사람이 빠른 속도로 줄어들었고, 이어 DMAT라고 적힌 옷을 입은 사람들이 나타났다. 당시에는 DMAT가 뭔지 몰라서 사고 감식반 정도라고만 생각했는데 재난 의료 지원팀이었다. 23시 20분에서 30분 무렵부터는 사람들이 실시간으로 실려 나왔다. 도대체 그 많은 사람이 왜 실려 나오는지 알 수 없었다. 그때 앞에 서 있던 어떤 사람이 내게 물었다.

"여기 들어오다가 본 건데 앞에 소방차가 엄청 많이 서 있더라고요. 혹시 프로스트*에 불났어요?"

그 말을 들은 나는 '아, 불이 났구나! 그래서 사람들이 저렇게 실려 나오는 거구나. 어떡해' 하고 생각했다. 그리고 친구에게 말했다.

"아까 경찰관이 사람이 죽었다고 했는데 그렇게 큰 일은 아닌가 봐. 그래, 사람이 그리 쉽게 죽을 리 없지."

그런데 시간이 지날수록 사람들이 1초에 4~5명씩, 그러니까 1분에 몇십 명씩 쏟아지듯 들것에 실려 나왔다. 정말 이상했다. 내 곁에 서 있던 다른 남자도 내게 물었다.

"저기 무슨 일 났어요? 저 앞에 있는 술집에서 술 먹고 나오다가 쓰러진 사람 실어 나르는 거 도와달라고 해서 사람 업고 길거리에 옮겨놓고 왔는데, 불난 게 맞아요? 그런 분위기 아니었는데……. 불난 게 아니고 혹시 마약 사건 아니고요? 집단 마약 해서 쓰러진 거 아닌가?"

이 말을 듣고 나는 또 '아, 불난 게 아니라 뭔가 약물 사건이 터졌나 보다. 그래서 아까 본 것처럼 사람이 픽픽 쓰러졌구나' 하고 생각했다. 이런 생각을 했다는 게 지금도 괴롭다. 현장에서 죽은 사람을 옮기고도 그 사실을 몰랐던 남자는 지금

* 해밀턴 호텔 뒤 참사 현장 근처에 있는 클럽.

괜찮을까. 그동안 너무 힘들지 않았을까. 이 말도 안 되는 이
야기들이 정말로 '말도 안 되는' 일이었음을 다시 한번 자각하
게 되어 아프고 쓰라리다.

그 남자와 대화를 마쳤을 때쯤, 새마을회관 앞에서 손님
을 관리하던 아르바이트생 두 명이 심각한 표정을 한 누군가
에게 어떤 설명을 듣고는 곧바로 길거리 통제에 동참하기 시
작했다. 그때부터 가게는 가게로서의 기능을 멈췄다. 가게 안
쪽 깊숙한 곳에 앉아 있던 사람들은 왜 주문해도 음식을 가져
다주지 않느냐며 불만을 토로했으나, 그 불만을 들어줄 사람
은 없었다. 모두 가게 밖에 나가 있었기 때문이다. 경찰복 코
스튬을 착용한 직원은 현장으로 진입하려는 사람을 통제하
는 걸 돕다가 술에 취한 외국인에게 뺨을 맞기도 했다. "네가
뭔데 막느냐"며 막말을 쏟아붓는 그 외국인에게 아르바이트
생은 단호하게 "그냥 돌아가세요"라고 말했다. 나는 궁금증을
참지 못하고 아르바이트생에게 물었다.

"앞에 도대체 무슨 일이 일어난 거예요?"

"엄청 큰 사고가 발생했대요. 저도 자세하게는 모르겠어
요. 일단 길을 통제해달라고 해서요."

현장에 있는 우리 중 사태를 정확히 아는 사람은 아무도
없었다. 그러나 시간이 흐를수록 무언가 죽음에 가까워지는

느낌이었다. 그런 이유로 상인들마저 가게를 내팽개치고 길거리에 뛰어들어 도운 게 아닐까? 문득 나는 잃어버린 친구가 걱정되기 시작했다. 원인 모를 불안감이 엄습했다. 친구의 휴대폰을 들고 '제발 전화해, 누구한테 전화기를 빌려서라도 얼른 전화해' 하며 발을 동동 굴렀다. 얼마 후, 친구 휴대전화로 전화가 왔다. 다행히 친구였다. 휴대전화도 없이 사람에 밀려 녹사평역 방향으로 밀려난 친구는 이태원 지리에 어두웠고, 어디로 가야 할지 몰라 우리가 처음 파티를 했던 공간으로 돌아갔다고 했다. 친구는 무섭다고 했다. 너희가 이리로 와달라는 말도 했다. 그러나 우리는 움직일 수 있는 상황이 아니었다. 우리도 새마을회관이라는 곳에 대피해 사람이 잦아들기를 기다리는 중이라고, 아예 못 움직이니까 네가 우리 쪽으로 와야 한다고 전했다. 전화를 끊고 아르바이트생에게 다시 전해 들었다. 사망 사고가 발생했다고. 심각한 상황인 것 같다고. 지금 도로가 난리라고. 위험하다고.

　친구에게 괜히 이리로 오라고 했다는 생각이 들었다. '여기로 오지 마. 거기에 있어야 해.' 걸려온 번호로 다시 전화했지만, 이미 친구는 그곳을 떠났다고 했다. 친구가 오다가 잘못될까 봐 걱정이 됐다. 미칠 듯 불안했고 손에 땀이 났다. 정확히 사태를 파악하고 싶었는데 그때부터는 휴대전화도 먹통이었다. 카카오톡 메시지는 물론이고, 네이버 메인 뉴스 화면도 잡히지 않았다. 할 수 있는 일이라곤, 속보를 기다리며 계속 휴대전화를 확인하는 일뿐이었다.

#7 10월 29일, 23시 50분

인터넷 연결은 계속 불안정했고 속보도 뜨지 않았다. 섣불리 누군가 사망했다는 사실을 믿기 어려웠다. 가짜뉴스가 너무 많은 시대였다. 불안감이 엄습할수록 루머가 더 빠르게 퍼진 다는 것을 알고 있던 나로서는 신중하고 싶었다. 하염없이 실려 나오는 사람들을 바라보면서도 내 정신이 무너지지 않도록, 확인되지 않은 사실에 우왕좌왕하지 않도록 마음을 다잡으려 애썼다. 그때 함께 있던 친구가 외쳤다.

"나 인터넷 터져!"

뒤이어 바로 이렇게 말했다.

"야…… 속보 떴어. 이태원에서 대규모 압사 사고 발생, 심정지 환자 1명."

'사망 사건이 진짜였구나.' 갑자기 공포감이 밀려들었다. '그래도 지금까지 실려 나가던 사람들은 죽은 게 아니었구나, 구조된 사람들인가 보다.' 많은 사람이 구조되어서 그나마 다행이라고 생각했다. 이제는 우리를 찾아오고 있는 친구가 무사하길 바라는 마음뿐이었다.

#8 10월 30일, 0시

자정이 넘어 애타게 기다리던 친구가 우리를 찾아 새마을회관에 도착했다. 그런데 친구의 모습이 너무 이상했다. 초점을 잃은 눈빛에 무언가를 보고 크게 충격을 받은 모습이었다. 왜 그러냐고 물었더니 녹사평에서 이태원으로 오는 길이 아수라장이라고 했다. 이태원역 근처 도로를 다 통제하는 중이라고도 했다. 사이렌 소리밖에 들리지 않고 사람들이 마네킹처럼 다 길바닥에 누워 있다고. 구급차도 많고 그냥 이상하다고, 정말 이상하다고. 무슨 일이 난 것 같다고.

휴대전화도 없이, 어떤 정보도 없이 현장을 고스란히 눈에 담아내고 받아들이며 온 친구는 우리를 만난 뒤 넋이 나간 것처럼 보였다. 속보를 전해주자 울먹이기 시작했다. 나는 친구를 보며 이렇게 말했다.

"그래도 심정지 환자는 1명이래. 누워 있는 사람들은 괜찮을 거야."

그랬더니 그 친구가 떨리는 목소리로 얘기했다.

"아니야, 그냥 누워 있는 게 아니야. 마네킹처럼 누워 있다니까? 살아 있는 사람이 누워 있는 모습이 아니었다고."

모든 상황을 목격하고 온 사람은 속보를 보자마자 직감적으로 죽음을 떠올렸고, 바깥 상황을 전혀 보지 못한 우리는 차마 거기까지 생각이 미치지 않았다. 말 그대로 떼죽음을, 그것도 사람이 당한다니. 상상할 수 없었다. 그저 겁을 먹은 친구가 많이 흥분했다고 생각했다. 달래줘야겠다고 생각했다. 그렇게 울먹이는 친구를 다른 친구가 달랬다.

"아니야, 사람 그렇게 쉽게 안 죽어. 뉴스를 기다리자."

이 말이 끝남과 동시에 새로운 속보가 뜨기 시작했다.

'이태원 대규모 압사 사고 발생. 심정지 환자 20명.'

이 속보를 기점으로 심정지 및 사망 환자 수는 계속해서 증가하며 업데이트됐고, 우리는 말을 잃었다. 외면해왔던, 설마 했던 비극을 현실로 맞닥뜨려야 하는 충격과 '거 봐, 내 말이 맞잖아. 내가 본 게 죽은 사람들이 맞잖아' 하고 느껴버린 친구의 마음이 공기 중에 둥둥 떠다녔다. 애써 부인해온 그 수상한 상황들이 '죽음'으로 밝혀지고는 이상하리만치 차분해졌다. 정신이 나가는 게 이런 느낌인가 싶었다. 설상가상으로 우리에게는 사람이 모두 구조될 때까지 가게 밖으로 나가지 말고 그대로 대기하라는 명령이 떨어졌다.

그때부터는 길거리를 쳐다보지 않았다. 무서웠다. 어지러웠다. 반대편 술집에서 서 있던 어떤 사람이 이렇게 소리치기도 했다.

"지금까지 영상 찍으신 분들. 양심적으로 다 지워주세요. 퍼다 나르지 말아주세요! 다시 한번 부탁드립니다! 양심적으로 지워주세요."

이런 멘트는, 사고 현장을 찍은 영상이 무분별하게 확산되는 것을 막으려고 나오는 말임을 나는 알고 있었다. 몇 년 전, 축제 현장에서 비슷한 멘트를 들었다. '사고가 발생했을 때 영상을 찍어 공유하지 마세요.' 그때와 같은 멘트였다. 큰 사고가 벌어졌음을 비로소 자각했다. 점차 심각한 공포가 밀려왔다. 그리고 휴대전화가 터지지 않아 직접 보지는 못했지만, 알게 되었다. 온라인 세상 속에서 지금 이 현장이 실시간으로 공개되고 있다는 사실을. 도대체 이게 무슨 일인가. 왜 이런 일이 일어난 거지. 복잡했고 혼란스러웠다.

#9 10월 30일, 새벽 1시

어디선가 어서 빨리 집으로 돌아가라는 소리가 들려왔다. 현장에 머무르지 말고 되도록 빠르게 귀가하라고 했다. 지체하지 않고 친구들의 손을 붙잡고 이태원역 근처 도로로 나갔다. 어서 빨리 집에 가고 싶었다. 좁은 골목을 지나 큰 도로 위로 나와 펼쳐진 장면을 목격한 뒤, 아까 친구가 넋 나간 표정을 지었던 것이 비로소 이해됐다.

순간, 영화 촬영 중이라고 착각할 정도로 도로는 아수라장이었다. 사이렌이 끊임없이 울리고 있었고 여기저기서 통곡 소리가 들렸다. 한쪽에서는 응급 구조가 진행됐고, 다른 한쪽에선 사람들이 도로에 주저앉아 담요를 덮고 벌벌 떨고 있었다.

"형, 일어나 봐! 아, 형!!! 쫌!! 왜 이러는데!!! 눈 좀 떠 보라고 제발!! 아, 눈 좀 떠 봐. 형!"

형제일까, 아니면 친한 형 동생 사이였을까, 누워 있는 형의 뺨을 세차게 때리며 어떻게든 자극해서 깨우려는 동생의 등을 바라보며 이태원역 횡단보도를 건넜다. 횡단보도를 건널 때 CPR할 줄 아는 사람을 찾는 소리가 들렸다. 나는 할 줄 알았다. 전문 자격증이 있다거나 실제로 해본 적이 있는 것은 아니었지만, 배운 적이 있었다. 언젠가 쓸 상황이 있다면 꼭 써야지 생각하고 있었다. 그러나 용기를 내지 못했다. 그저 빨리 집으로 가고 싶어 외면하고 걸었다. 택시가 잡히지 않았고, 버스도 없었다. 모든 차량이 통제되어 오로지 구급차만 진입이 가능하다고 했다. 우리는 이태원에서 이촌동까지 걸어갔다. 걷고 또 걸었다. 울먹이려는 친구를 중간 중간 달래기도 하면서. 그러나 우리는 이내 서로 말이 없어졌다. 이태원에서 조금 떨어진 보광동을 걷는데 여전히 핼러윈 파티 중인 사람들이 눈에 들어왔다. 흥겨워 보였다. 그들은 즐거운 표정으로 아무것도 모른 채 우리가 빠져 나온 이태원 쪽으로 걸어가고 있었다. 묘한 괴리감을 느꼈다. 누군가는 죽어가고, 누군가는 아무것도 모른 채 저곳으로 걸어 들어가고, 또 누군가는 이 모든 것을 보고 겪고도 저들에게 가지 말라고 말할 수조차 없는 상황. 이 아수라장을 내가 어떻게 받아들이고 해석해야 할까.

계속 해서 택시를 잡으려 했지만 택시는 여전히 잡히지 않았다. 겨우 잡힌 택시는 줄줄이 취소됐다. 이촌동 한가운데서 그냥 아무데나 철퍼덕 앉아버렸다. 구급차들이 도로 위를 미친 듯이 달려댔다. 전국의 구급차가 모두 이태원으로 오고 있다고 해도 전혀 이상하지 않을 법했다.

새벽 늦게 가까스로 택시가 한 대 잡혔고, 친구 한 명을 데리고 우리 집으로 향했다. 집으로 오는 내내 우리는 대화 한마디 나누지 않았다. 집에 들어가기 전 물을 사러 무인 편의점에 들렀다. 편의점에서 울리는 사이렌 소리에 심장이 떨어져 나가는 것만 같았다. 나도 모르게 눈물이 났다. 집에 들어가자마자 나와 내 친구는 누가 먼저랄 것도 없이 동시에 매스꺼움과 울렁거림을 느꼈다. 나중에 알았지만, 이것이 충격으로 인한 즉각적인 트라우마 반응이었다.

피 묻은 간호사복을 벗어 쓰레기통에 던져 넣었다. 온몸에 분장으로 칠했던 핏자국도 벅벅 지웠다. 힘들었지만, 울지 않으려 노력했다. 친구가 옆에 있어서 다행이었다. 우리는 이불을 펴놓고 곧바로 뉴스를 틀었고 둘 다 한숨도 자지 못했다. 실시간으로 흘러 나오는 속보를 뜬 눈으로 지켜볼 수밖에 없었다. 새벽 4시, '심정지 환자 80명'이라는 속보를 보았다. 그 다음부터는 기억이 잘 나지 않는다. 지금도 이 날, 이 시간의 기억이 희미하다. 지워진 느낌이다. 사망자 수가 100명이 넘어가자 외려 아무것도 느껴지지 않았다. 무덤덤하다는 표현은 맞지 않았다. 감각이 도려내진 것 같았다. 그냥 무감각하게, 다른 나라 이야기처럼 들렸다.

10월 30일 새벽부터 이틀간 나는 잠을 자지 못했다. 뉴스 집착증에라도 걸린 것처럼 잠도 자지 않고 물도 마시지 않고 밥도 먹지 않으며 뉴스만 바라봤다. 친구들과 가족들에게서 전화가 쏟아졌고 아무렇지 않게 "어, 나 괜찮아" 하고 대답했다. 정말 아무것도 느껴지지 않았다. 한 동네에 같이 사는 친한 언니가 내 상태를 실시간으로 체크했다. 나는 인지할 수 없는 내 상태를 언니가 대신 인지했다. 진지하게 전화 상담을 권유했다. 언니의 거듭된 설득 끝에 나는 몇 번의 전화 통화 시도를 했다. 전화를 걸다가 그냥 끊어버리는 일을 반복했지만, 결국 마지막에 한 명의 심리 상담사와 연결이 됐다. 상담사는 나더러 '생존자'라고 했다. 상담사가 오버한다고 생각했다. 나는 그냥, 일반인인데요. 난 그렇게 특별한 무언가를 겪지 않았는데요? 몸이 다치지도 않았고, 죽지도 않았고 멀쩡히 숨 쉬고 살아 있는데요? 다만 그냥 거기에 있었을 뿐인걸요. 나는 물었다.

"선생님, 제가 참사 생존자인가요?"

제가 참사 생존자인가요

M 언니는 내게 정신과 상담 치료를 적극적으로 권했다. 참사 이후 나는 치료에 나설 생각이 전혀 없었다. 왜냐고 묻는다 면, 대답은 간단하다. 내가 그렇게 병원에 가야 할 정도로 아 픈 상태가 아니라고 생각했기 때문이다. 나는 멀쩡하다고, 아 무렇지 않다고 생각했다. 그러니까 한마디로 상황 파악이 전 혀 되지 않는 상태였다. 솔직히 말하면, 참사를 정확히 인지하 고 깨닫는 데에만 상당히 많은 시간이 걸렸다. 이 사태를 '참 사'라고 인지하기까지 오랜 시간이 걸린 것이다. 이렇게 뭐가 뭔지 모르는데 치료받을 생각을 하는 건 불가능했다.

　무엇보다, 귀찮았다. 여기서 말하는 귀찮음은 게으름과는 다르다. 그냥 가만히, 있고 싶었다. 아무것도 할 수 없었고 모든 것이 귀찮았다. 그리고 나는 계속 집에 가고 싶었다. 참사 당일 새벽부터 계속 집에 가고 싶었다. 삼풍백화점 붕괴 참사 생존자인 산만언니는 내게 이런 이야기를 들려주었다. 온몸에 유리가 박히고, 머리에 피가 철철 나는데도 병원에 가야겠다는 생각이 안 들고 택시를 잡아서 집에 가고 싶었다고. 나는 그 말이 무슨 말인지 정확히 이해했다. 분명히 나는 집에 있는데 집에 가고 싶었다. 요즘 유행하는 '집에 있는데도 집에 가고 싶어'라는 농담조의 말과는 결이 달랐다. 집에 왔는데, 집이 없었다. 편하지 않았고, 잠도 오지 않았다. 그렇게 집을 찾아 헤매는 심정인 내게 모든 것은 귀찮은 소음일 뿐이었다. 치료를 하자는 언니의 말에 반응하지 않고 버틴 것은 그때 내게 당연했다.

48시간 동안 잠을 자지 않고 속보만 미친 듯이 바라보는 내게 언니는 다시 한번 전화 상담을 권했다. 언니가 알려준 전화번호는 두 개였다. 하나는 국가트라우마센터 전화번호였고, 또 다른 하나는 한국심리학회 번호였다. 언니의 진심이 느껴졌다. 전화니까, 그냥 한번 해보라는 권유에 망설이다가 국가트라우마센터 번호를 눌렀다. 안타깝게도 첫 전화는 그리 도움이 되지 않았다. '나 위로법'이라는 셀프 마사지와 호흡법

등을 알려주었는데 그 정도는 인터넷에서도 찾을 수 있는 정보였다. 내가 원하는 게 정확히 뭔지 알지 못했으나, 원하는 도움이 아니었다. 풀이 죽었다. 큰 기대를 한 것은 아니었지만, 전화를 하지 않았더라면 느끼지 않았을 괜한 절망감을 느꼈다. 언니는 꼭 심리학회에도 전화를 해보라고 신신당부했다. 그래, 딱 한 번만 전화해보고 말자.

그래도 전화를 몇 번이나 들었다 놨다, 심리학회 번호를 눌렀다가 지웠다가 삼십 분을 씨름했다. 또 한 번 내가 원치 않는 말들을 들을까 봐 걱정됐다. 이후에 알아차린 것이지만 심리 상담은 치료를 받고자 하는 사람이 능동적으로 나서야만 한다. 전화 상담도 이렇게 능동성을 띄기가 어려운데, 직접 찾아가는 대면 치료는 중도에 포기하는 사람이 얼마나 많을까 싶었다. 삼십분 만에 전화 상담을 가까스로 시도한 것은, 실시간으로 내 감정이 '공포심'으로 바뀌고 있었기 때문이었다.

내가 뉴스에 집착한 이유 중 하나는 정확한 팩트를 확인하고 싶어서였다. 내가 과연 참사 현장의 어디쯤에 있었던 것인지 알고 싶었다. 분명히 현장 바로 근처에 있었던 것 같긴 한데, 참사 직후에는 사고가 벌어진 지점이 도대체 어디인지 알 수 없었다. 집으로 돌아온 뒤 나는 참사가 벌어진 장소가 정확히 어디였는지, 내가 그 아수라장 속에서 도대체 어디에 있었던 것인지 알 수 없어서 미쳐버릴 것 같았다. 내가 알기로 나는 와이키키 비치펍 앞에 잠시 머물렀고 새마을회관이라는 술집에 있었다. 그리고 세계음식문화거리를 돌아다니긴 했어도 사람이 대규모로 죽는 장면을 목격한 것은 아니었다. 내가 있는 곳에서는 아예 상황을 파악할 수 없었기에 나는 사고를 나와 거리가 먼 이야기로 믿고 있었다. 아니, 그렇게 믿고 싶었다. 내가 그 현장에 있었다면 모른다는 게 말이 안 된다고 생각했다. 나뿐 아니라 그 현장에 있던 주변 사람 모두가 몰랐는데 가까이서 벌어진 일을 그렇게 모든 사람이 모를 리 없다고 믿었다. 그것만이 나를 안정시킬 유일한 '비빌 구석'이었다.

실체가 없어 어안이 벙벙하던 기분이 공포감으로 구체화되는 것은 순식간이었다. 드디어 언론에서 참사 지점을 특정해서 발표하고 보도하기 시작했다. 뉴스를 보자마자 그곳을 검색하기 위해 지도 어플리케이션을 열었다. 특정된 지점을 로드뷰로 확인한 나는 휴대폰을 떨어뜨리고 펑펑 울었다. 그렇게 부인하고 싶었던, 무의식에서 두려워하고 있었던 걱정이 사실이었음이 드러난 순간이었다. 정확히 참사 지점인 와이키키 비치펍 앞에서 내가 압사 위험까지 갔었다는 사실이 분명해졌다. 한 걸음만 더 앞으로 갔더라면, 조금만 더 발이 동동 떠 있었다면, 나는 이 세상에 없었을 거라는 사실을 알아버린 순간이었다. 이내 사망자 수가 150명을 넘기는 것을 보면서 그제야 내가 길거리에서 아무 생각 없이 목격했던 사람들, 실려 나가던 사람들이 모두 죽은 게 맞았음을 온몸으로 받아들이게 됐다. 몸이 요동쳤다. 물놀이 후 급격한 체온 변화로 몸을 떨어본 적은 있어도 순전히 공포심에 손이 벌벌 떨리고 몸까지 심하게 떨리는 경험은 평생 처음이었다. 무서웠다. 집 안에 있어도 무서웠다. 망상이 시작된다고 느꼈다. 집이 무너질 것 같았다. 그럴수록 나는 더욱더 집에 가고 싶었다. 도대체 내 집은 어디로 사라진 걸까. 눈으로 느끼는 공간은 분명 내 집이 맞는데 나는 왜 자꾸 집을 찾을까. 집이 집처럼 느껴지지 않았다. 그때 나는 한국심리학회 전화번호를 꾹꾹 눌렀다. 중년 남성이 전화를 받았다.

"네, 여보세요. 여기는 한국심리학회입니다. 참사 이후 트라우마를 돕기 위해 전화 상담을 하고 있습니다. 편하게 말씀해주세요."

내 안의 편견이 작동했다. 나는 중년이라는 이유만으로 마음을 굳게 닫았다. '이 사람은 내가 말하는 것을 못 알아들을 거야. 내 마음을 이해하기는커녕 오히려 날 비난할 수도 있어. 그러게 거기에 왜 갔느냐고, 노는 게 뭐가 좋다고 그곳을 갔느냐고 따져 물으면 어떡하지?' 나는 전화기를 붙잡고 한참 동안 아무 말도 하지 않은 채 멍하니 있었다.

참사가 벌어진 다음 날 아침, 내 안위를 걱정하는 가족들의 전화가 빗발치듯 쏟아졌다. 그중에는 올해 마흔을 넘긴 사촌오빠의 전화도 있었다.

"야, 너 거기 갔었어? 아휴, 내가 너 그럴 줄 알았다. 그러게 뭐 좋다고 그렇게 싸돌아다니고 놀러 다녀. 어디 다친 데는 없어? 야, 그래도 푹 쉬어."

분명히 나를 걱정하는 전화였다는 걸 안다. 그래도 나는 힘들었다. '그럴 줄 알았다, 노는 게 뭐가 좋다고, 노는 게 뭐라고'라는 식의 말들이. 중년의 남성 심리 상담사도 그렇게 말할 것만 같았다. 계속해서 아무 말도 하지 않고 가만히 있자 그가 내게 말을 걸어왔다.

"사고 현장에 계셨어요? 생존자세요. 아니면 구조대원이세요? 목격자세요, 아니면 유가족이세요?"

아무 것에도 해당하지 않는다고 말했다. "그런데 그냥 힘이 들어요"라고 대답했다.

상담사는 내게 천천히 그날 있었던 일을 말해보라고 했다. 힘들겠지만 시간 순서대로 나열하듯 말해줄 수 있느냐고 물었다. 나는 그때 처음 한 번도 해본 적 없는 되짚음을 했다.

29일 저녁 집을 나서던 순간부터 전화기를 들기 직전까지의 상황을 순서대로 더듬더듬 나열했다. 그 모든 이야기를 들은 상담사는 내게 물었다.

"이렇게 설명하고도 스스로 생존자라는 생각이 들지 않으세요?"

나는 대답 대신 펑펑 울기만 했다. 뒤이어 상담사가 따뜻한 목소리로 덧붙였다.

"사실은, 이 사건을 뉴스로 전해 듣고 간접적으로 겪은 대한민국 국민 모두가 생존자예요. 특별히 초롱 씨는 현장을 경험했기에 더욱 강도가 센 것이고요. 현재 상태가 심각해 보이니 반드시 대면 치료를 권하고 싶고, 연계해주는 시스템을 통해 PTSD(외상 후 스트레스 장애) 검사를 받으셨으면 좋겠어요. 제가 대화한 바로는 이미 트라우마가 발현된 것 같은데 연계 시스템을 안내해드릴게요."

통화는 한 시간 넘게 이어졌다. 나는 많은 말을 하지 않았다. 그날 일을 처음으로 자세하게 털어놓고 내 상태를 내보였던 것뿐이었다. 울면서 상담사에게 이렇게 이야기했다.

"선생님. 아무래도 그날 거기를 가지 말았어야 했어요. 너무 후회돼요."

그리고 이어진 상담사의 대답은 내게 첫 치료의 문을 열어주었다.

"아니에요. 그날 거기를 가지 말았어야 하는 게 아니라 어디를 가도 안전하게 돌아갈 수 있도록 지켜주는 것이 맞아요. 놀다가 참사를 당한 게 아니라 일상을 살다가 참사를 당한 겁니다."

치료하기로 마음먹은 이유

나는 운이 좋았다. 다행히 참사 초반에 좋은 심리 상담사를 만났다. 살다가 감당하기 힘든 일을 겪으면 그 혼란을 틈타 뇌가 꼬여버린다. 당시 나 또한 사고가 정상적으로 작동하지 않았던 것 같다. 그렇게 사고가 멈춰 있을 때 내 안에 내재되어 있던 편견과 몰아가기 식의 사회 시선이 작용하면 더 큰 죄책감으로 연결되기도 하는데, 나는 그때 정확히 죄책감을 품고 있었다. '내가 그곳에 간 것이 문제'라는 죄책감이었다. 상담사는 그렇게 뒤엉키고 꼬여버린 내 사고를 명확히 그리고 천천히 타래를 풀듯 풀어주었다. '내가 잘못해서'가 아니라 '일상을 살다가' 당한 참사라고. 나는 치료를 받기로 마음먹었다.

"마음 같아서는 제가 계속 담당하면서 상담해주고 싶지만, 심리학회는 민간단체이고 봉사를 위해 단기적으로 전문가들이 돌아가며 맡고 있어요. 뒤로도 지금 전화 상담이 물밀듯 들어오고 있어서 통화를 마무리해야 합니다. 꼭 연계하여 안내하는 곳에서 대면 치료를 받았으면 좋겠어요. 아셨지요? 만약 대면 치료가 어렵고 그냥 일상을 살다가 힘들면 꼭 오늘처럼 심리학회에 전화하세요. 약속해요."

나는 전문가의 말을 잘 듣는 편이다. 그래서 상담사가 시킨 대로 안내받은 곳으로 전화했는데, 그곳은 공교롭게도 내가 처음 전화를 걸었던 국가트라우마센터였다. 순간 당황했으나 한국심리학회 상담사와 전화 상담한 내용을 들려주고 "위험해 보인다는 얘기를 들었어요. 연계 시스템이 있을 거라고 들었는데 안내해주세요"라고 차분히 이야기했다.

이후 나는 거주지의 정신건강복지센터로 연결됐다. 그곳에서도 대면 상담을 받기 전 먼저 전화 상담을 했다. 이때 첫 전화 상담에서처럼 내가 경험한 일을 반복해 설명했는데 그 과정은 생각보다 힘들지 않았다. 오히려 마음이 조금씩 풀리는 기분이었다. 털어놓을수록 내면에 가라앉은 무언가를 퍼내듯 치료가 되는 느낌이었다. 마음은 가벼워지고 있는데 내 이야기를 듣는 상담사마다 깜짝 놀라는 반응이 낯설었다. 모두 내 상태를 심각하게 생각하고 있었고 빠른 시일 내에 센터에 나와 주었으면 좋겠다는 안내를 받았다.

바로 다음 날, 나는 구청의 정신건강복지센터를 찾았다. 우선 PTSD 검사지를 받아 검사한 뒤 한 시간 정도 대면 상담을 했다. 그건 내 생애 첫 대면 상담이었는데 솔직히 말하면 그날 상담 내용이 잘 기억나지 않는다. 무언가 많은 말을 하고 힘든 마음을 털어놓았을 것이다. 그런데 기억이 흐릿하다. 이후로도 나는 반복해서 어떤 장면을 기억하지 못하는 경험을 했다.

구청 센터 상담 선생님은 검사 결과지를 건네며 센터와 연계된 정신과 병원을 안내해주었다. 자신이 판단하기에 내가 심각한 상황으로 보인다고 했다. 덧붙여 병원에 상황을 설명하고 환자 상태를 자세히 이야기해서 불필요한 추가 설명 없이 바로 치료를 시작하도록 도와주겠다고 말했다. 또렷이 기억나지는 않지만, 그때 나는 이렇게 도와주려는 사람이 있으니 살고자 열심히 노력해야겠다고 생각했던 것 같다.

그러나 나는 그날 바로 병원에 가지 않았다. 자주 지쳤기 때문이다. 오래도록 집 밖에 있는 것이 힘들었다. 조금만 울고 에너지를 써도 금방 지쳐버려 연이어 병원에 갈 수 없었다. 결국 병원에 가는 것이 힘들면 대면 상담을 위해 구청 센터에 방문하는 것이 좋겠다는 권유를 받았고 나는 그러겠다고 대답했다.

그날 어떻게 집으로 돌아왔는지 역시나 정확히 기억나지 않는다. 다만 그때 나는 내 발로 걷는 것 외에는 아무런 교통수단도 탈 수 없는 상태였는데, 집에서 40분 거리인 센터를 걸어서 왕복했으니 피곤해서 '오늘은 잠을 잘 수 있겠지?' 하고 기대했던 마음은 선명하다. 아쉽게도 그 기대는 현실로 이뤄지지 않았고 나는 그날도 잠을 자지 못했다.

구청 센터 선생님은 내게 언제나 따뜻하고 친절했다. 처음 방문한 바로 다음 날에는 아침부터 전화를 걸어 내 상태를 확인했고 문자로 잘 지내는지 자주 안부를 물었다. 정확히 기억은 안 나지만, 이후 2-3일에 한 번씩 스케줄을 잡아 센터에 갔던 것 같다. 방문할 때마다 선생님과 마주앉아 며칠간 어떻게 지냈는지 이야기했다. 격변하는 내 심리 상태가 나도 모르게 쏟아지듯 터져 나왔다.

센터에 익숙해질 무렵 선생님은 다시 정신과 병원 이야기를 꺼냈다. 병원을 직접 예약해줄 테니 힘들지 않으면 오늘 가는 길에 바로 방문해보길 권했다. 나는 내키지 않아 주저했다. 그냥 구청 센터 선생님을 계속 만나고 싶었다. 이제 겨우 마음을 열고 적응했는데 새로운 곳에 가서 또 다른 선생님을 만나야 하는 게 부담스러웠다. 무엇보다 나는 내가 '정신과에 갈 정도는 아니'라고 생각했다.

그런 내 마음을 눈치챘는지 센터 선생님은 이틀 뒤로 예약해둘 테니 병원에 가기 전, 한번 더 센터에 오라고 말했다. 줄 것이 있다고 했다. 나는 여전히 자신이 없었지만 그러겠다고 대답했고, 우리는 병원 예약 일에 다시 보기로 했다.

이틀 뒤 나는 다시 걸어서 구청 센터에 갔다. 정신과 방문을 앞둔 내게 선생님은 여전히 집 밖이 무섭냐고 물었다. 나는 그렇다고 대답했다. 실은 집조차 무서웠지만 차마 그 말은 하지 못했다. 그냥 모든 게 어느 순간 다 무너져내릴 것만 같았다. 실내 '공간'은 다 무서웠고 버스나 지하철, 택시까지 모조리 공포감을 안겨주었다. 그 알 수 없는 공포심을 왜 느끼는지 가늠하기가 어려웠다. 탁 트인 길을 걷는 것마저 무서워서 대면 상담을 위해 센터로 걸어갈 때도 죽기 살기로 애를 써야 했다. 11월이었고 분명 날씨는 추웠지만 나는 온몸에 땀을 뻘뻘 흘리고 있었다. 한참 상담을 진행하고서야 그 이유를 알았다. 이태원 거리 한복판, 외진 곳도 아니고 폐쇄된 공간도 아닌 서울 한복판에서 그런 참사를 겪었으니 세상 모든 곳에서 공포를 느끼는 것은 당연하다고 했다. 내가 힘들어하는 이유와 원

인을 하나씩 객관적으로 알아가는 과정은 분명 내게 도움이
되었다.

아무에게도 말하지 못한 이야기

구청 센터 선생님은 가끔 내게 불편한 질문을 했다. 처음에는 신경이 약간 거슬리는 정도였으나 마지막 날에는 화가 날 지경에 이르렀다. 이를테면 집에 두루마리 휴지가 있느냐는 질문이 그랬다. 선생님은 내 대답을 듣기도 전에 샴푸와 린스는 있느냐고 물었고 연이어 치약이 떨어지지는 않았는지 물었다. 나를 화나게 한 결정적인 질문은 '언제 양치를 했느냐'는 것이었는데, 표정 관리를 할 수 없을 정도로 불쾌했다. 지금 내게 입 냄새가 난다고 지적하는 건가? 그때는 마스크 착용이 의무이던 시절이었다. 더구나 우리는 멀찌감치 떨어져 앉아 있었다. 그 정도 거리면 입 냄새가 날 수 없었던 터라 혹시 나를 치매 환자로 취급하는 것은 아닌가 싶었다. 그러다가 선생님은 기어코 내 뚜껑이 열리게 만든 질문을 던졌다.

"집에 쓰레기봉투는 있나요? 몇 개나 있는지 확인했어요? 쓰레기를 언제 버렸나요?"

나는 대뜸 지금 뭐 하는 거냐고 따졌다. 사람을 바보 취급하는 것도 아니고 의도가 뭐냐고 대들었다. 선생님은 내 반응에 아랑곳하지 않았고 더없이 곱고 차분하게 오늘은 선물이 있다며 꾸러미를 가져왔다.

그 안에는 정말 많은 선물이 들어 있었는데 특히 20리터짜리 종량제 쓰레기봉투 몇 장과 구청 스티커가 붙어 있는 치약이 눈에 띄었다. 지금은 아무렇지 않게 이야기하지만 사실나는 그날 많이 화가 났다. 마치 내가 멍청이 취급을 받는 것 같았다. 뚱한 표정으로 쌩하고 나온(그 와중에도 챙겨주신 선물 꾸러미는 잘 들고 왔다) 나는 곧바로 구청 센터에서 예약해준 정신과를 방문했다. 하필이면 병원을 처음 방문하는 날 그런 수모를 당하다니, 수치스러웠다. 처음 방문이라 멀끔한 모습으로 만나고 싶었는데 모든 게 뜻대로 되지 않아 짜증이 났다.

11월 말이었던 걸로 기억한다. 정신과 진료를 시작하고 얼마 지나지 않아 나는 정신과 전문의에게 구청 센터 선생님의 질문 때문에 몹시 기분이 나빴다고 털어놓았다. 센터에서 내게 이런저런 질문을 했는데 너무 짜증이 났다고, 쓸데없는 걸 물어봐서 내 신경을 긁었다고 불만을 토로했다. 정신과 전문의는 별말 없이 내게 오늘 몇 가지 숙제를 내주겠다고 말했다. 그 숙제라는 건 대충 이러했다. 집에 가서 쓰레기봉투가 몇 개인지 알아보기, 쓰레기를 언제 버렸는지 확인하기, 언제 씻었는지 체크하기, 양치를 얼마 만에 한 번씩 하는지 기록하기. '얼씨구나. 아주 양쪽에서 짝짜꿍해서 나를 괴롭히는구나. 지금 이 사람들은 내가 우스운 거야. 나를 기만하고 있어. 돌팔이들 같으니라고. 치료를 하랬더니 이상한 숙제 놀이나 하고 말이야. 내가 두 번 다시 오나 봐라.' 그때 나는 이런 생각을 했다(선생님, 미안합니다).

그렇게 화가 나서 씩씩거리며 에너지 풀 파워로 열심히 걸어 집에 도착해 현관문을 열고 들어갔는데, 판타지 영화가 펼쳐지는 것 같았다. 그 전에는 분명히 우리 집이 이렇지 않았는데 전혀 다른 집처럼 느껴졌다. 엄마의 표현을 잠깐 빌려오자면 "귀신도 나오려다가 도망갈" 집이었다. 분명히 내 집이었다. 오늘 아침까지 머물다가 옷을 입고 내 발로 나온 내 집. 그런데 방안이 온통 쓰레기로 가득 차 있고 온갖 물건이 바닥에서 나뒹굴고 있었다.

처음엔 도둑이 든 줄 알았다. 도둑은커녕 누구도 내 집에

먼지 한 올 보태준 사람은 없었다. 비로소 내가 현실을 자각한 것뿐이었다. 그때 받은 충격은 말로 다 표현할 수가 없다. 나도 모르는 새 내가 망가져 있었다는 걸 깨달았으니 충격이 클 수밖에 없었다. 그제야 구청 센터 선생님이 준 선물 꾸러미가 생각났다. 그 꾸러미를 괜히 준 게 아니었구나 싶었다. 그러고 보니 내가 처음 병원 문을 열고 들어갔을 때 '환대'를 받는 느낌이었던 것도, 별다른 절차 없이 가만히 앉아 있다가 진료를 받은 것도 모두 센터 선생님의 배려 덕이었다. 부끄럽고 고마웠다.

정신을 추스르고 정신과 전문의가 내준 숙제대로 쓰레기봉투 여분을 확인했다. 당연히 여분은 없었다. 두루마리 휴지 역시 이미 떨어진 지 오래였다. 그동안 화장실에서 볼 일을 본 뒤 어떻게 처리를 했는지 궁금해 살펴보니 남아 있던 물티슈를 사용하고 차마 변기에 버릴 수는 없으니 물티슈만 모아 따로 쓰레기봉투에 버리고 있었다. 쓰레기가 나올 때마다 비슷한 방식으로 처리했으니 당연히 쓰레기봉투는 바닥이 났고 집 안 여기저기에는 묶인 쓰레기봉투가 널브러져 있었다. 더 충격적인 일은 겨울인데 집 안에서 똥파리가 발견되었다는 것이다. 쓰레기 더미 속에서 살았으니 당연한 일이었다. 이 이상은 집 안 몰골을 구체적으로 설명하진 않겠다.

그 와중에 이상하게도 음식물 쓰레기는 쌓여 있지 않았다. 음식물 쓰레기는 모두 어디로 사라졌는지 궁금했지만 그다지 신경 쓰지 않았다. 일단 쌓인 쓰레기부터 처리하는 게 급선무라 팔을 걷어붙였다. 그렇게 쓰레기를 처리한 뒤 나는 샴푸와 린스가 떨어졌는지 확인했다. 치약도 남아 있는지 살폈다. 모두 있었다. 치료하러 가야 해서 다행히(?) 양치는 꼬박꼬박 하고 있었다.

그런데 문득 생각해보니 내가 언제 샤워를 했는지 기억이 가물거렸다. 내가 언제 머리를 감았지? 온수를 켜고 언제 물줄기를 맞았지? 도무지 기억나지 않았다. 아, 그동안 어떻게 살아온 거지? 느닷없이 눈물이 펑펑 쏟아졌다. 얼마나 심하게 울었는지, 얼마나 강하게 울었는지, 얼마나 오래 울었는지 설명하고 싶지 않다. 참사 이후 나는 그날 내 상태를 처음 인지했다. 아무리 애를 써도 좀처럼 멈추지 않는 눈물을 뚝뚝 흘리며 나는 서랍을 다 뒤져 생리대가 있는지 확인했다. 병원 전문의가 확인하라고 건네준 목록에 생리대도 있었기 때문이다. 역시 없었다. 때마침 생리 주기가 다가오고 있었다.

나는 눈이 벌게진 채로 생리대를 사러 편의점에 갔다. 다행이었다. 만약 생리가 터진 것도 모르고 가만히 있다가 누군가의 지적으로 그걸 깨달았다면 나는 인간이길 포기했을 것 같다. 인간으로서 지켜야 할 최소한의 선을 넘기기 직전에 그걸 알아서 그나마 다행이었다. 이 말은 차마 누구에게도 할 수 없었다. 정말 아무에게도. 혹시 정신과 전문의가 내 상황을 눈치챘는지는 모르겠지만 내게 생리대를 확인해보라고 한 뒤 추가 질문은 하지 않았다. 다만 몇 주가 지난 어느 날 "처음보다 얼굴이 많이 좋아졌어요. 전체적인 상태도 그렇고요"라고 한마디 한 것이 다였다. 그렇게 정신과 전문의는 내 존엄을 지켜주었다.

　이 일은 내게 수치스러운 경험으로 남았다. 누구에게도 말하지 못할 만큼. 스스로 다시 떠올리는 것마저 부끄러워 나는 그날 일을 거의 외면하며 살았다.

트라우마라는 이름의 애도

정신과 진료를 처음 받던 날, 전문의는 내 신체 반응을 면밀하게 살폈다. 특히 수면 패턴과 식사 패턴을 집중적으로 확인했다. 신체 상태를 살핀 뒤 별말 없이 우선 본인은 약물 치료를 할 것이라고 이야기했다. 내 증상이 PTSD 초기 증상으로 보이며, PTSD는 초반 3개월 치료가 관건이라고 알려줬다. 초기에 잘 치료하면 PTSD를 완전히 극복하는 것도 가능하다고 이야기해주었다. 그러기 위해서 약이 존재하고 전문의인 자기가 개입하는 것이라고 했다. 반드시 나을 수 있도록 도와주겠다는 말도 덧붙였다. 이 한마디가 나는 참 고마웠다.

이후엔 앞선 치료와 마찬가지로 참사 당일 이야기를 차

분히 들려달라고 했다. 참사 트라우마를 겪는 사람에게 그날의 이야기를 자꾸 묻는 것이 실례일 거라고 여길지도 모르지만, 그날 일을 설명하는 것은 치유에 도움을 준다. 나 역시 입밖으로 꺼내 설명할수록 그 일은 점차 내게 아무것도 아닌 일처럼 되어갔다. 정신과 전문의는 내가 참사 당일을 얘기할 때마치 방금 경험한 일처럼 자세히 복기하는 것, 그러니까 그때의 기억을 생생히 간직하고 있는 것에 주목했다. 내가 현재를 살아가지 않고 자꾸만 시간을 억지로 잡아끌어 2022년 10월 29일로 돌아가려 애쓴다고 설명했다.

"오늘이 며칠인가요?"

이 질문에 나는 대답하지 못했다. 내게 날짜 감각이 사라진 건 오래전의 일이었다. 오늘이 무슨 요일인지, 11월 며칠쯤을 지나고 있는지 전혀 인지하지 못하는 상태였다.

당시 나는 심장이 하루 종일 미친 듯이 뛰는 증상에 시달리고 있었다. 잠은 당연히 자지 못했다. 소파에 기대어 잠깐 졸듯이 잠들었다가 무언가에 화들짝 놀라 20분 만에 깨는 게 일상이었다. 그리고 나는, 그때 내 침대를 거부했다. 이유를 설명할 수 없으나 침대에서 자는 일을 아예 하지 못했다. 나중에 안 사실이지만 과도한 죄책감에 나 자신을 '잠을 편하게 잘 필요도 없는 인간'이라고 인식했던 듯하다. 집에서도 유일하게 깨끗하게 유지되었던 장소가 침대였다. 침대를 아예 건들지 않았기 때문이다.

"식사는 제대로 하고 있나요?"

"아, 그게……. 먹고 싶지 않아서 안 먹는 게 아니고, 그저 소화하기가 어려워서 소화가 잘 되는 액체류만 먹고 있어요."

"우리는 그걸 식사를 제대로 하지 못한다고 표현해요."

어떻게든 내 멀쩡함을 증명해보려고 장황하게 설명했지만 나는 별다른 소득을 얻지 못했다.

그뿐 아니라 내게는 모든 것이 크게 들리고 과장되게 보이는 현상이 반복해서 나타나고 있었는데 전문의는 이를 과각성 상태로 진단했다. 트라우마의 전형적인 증상이라고 했다. 내가 보인 대표적인 반응은 어쩌다 사이렌 소리를 들으면 쓰러질 것 같고, 이전에는 들리지 않던 아주 미세한 소리나 보이지 않던 것들이 나를 압도하는 것처럼 인지하는 일이었다. 그러다 보니 의도치 않게 예민해져 자주 피로함을 느꼈다. 피로해도 잠을 이루지 못하니 갈수록 에너지가 고갈되고 있었다. 내게 쓰레기봉투, 샴푸, 린스, 생리대, 기본적인 생활용품을 체크하도록 숙제를 내줬던 것도 일상을 유지하고 있는지, 만약 그렇지 못하다면 얼마나 무너져가고 있는지 파악하기 위해서였다고 했다. 내 일상은 많이 무너져 있었다.

우리는 잘 인지하지 못하지만 실은 일상적인 행동을 하는 데도 많은 에너지가 필요하다. 제때 밥을 챙겨 먹는 것부터 자주 씻고 속옷 갈아입기, 손톱과 발톱 깎기, 재정을 관리하고 쇼핑하기, 빨래와 청소하기, 스킨케어하기, 친구들과 연락하기, 좋아하는 것 탐색하기, 심지어 유튜브를 보는 것까지 일상을 유지하기 위한 모든 일에는 '에너지'가 든다. 에너지가 없는 사람에게 일상은 버거울 수밖에 없다. 많은 사람이 당연하게 여기는 가벼운 일도 하지 못하고, 그저 몸을 누이는 행동밖에 하지 못한다. 이런 상황을 두고 "일상이 무너졌다"라고 말한다. 왜 어른들이 아이를 키우며 밥 잘 먹고, 똥 잘 싸고, 잠 잘 자고, 잘 놀고, 건강하기만 하면 된다고 말하는지 단박에 이해가 갔다. 그 모든 일상 행위는 실로 고귀하고 귀중한 삶의 밑거름이었다.

나는 그때, 반드시 나의 일상으로 돌아가야 한다고 생각했다. 아무리 큰 일이 벌어진다고 해도 말이다. 그래야 그 상황을 극복하고 살아갈 수 있을 것 같았다. 그때 나는 일상을 지켜내면 그 무엇도 이겨내고 지킬 수 있음을 절감했다.

몇 번째 진료였을까. 진료를 마치고 돌아온 어느 날, 나는 부쩍 길어진 발톱과 손톱을 발견했다. 그런데 그것을 깎지 못했다. 깎아야 한다는 것은 알았지만 할 수가 없었다. 그때 내게는 발톱과 손톱을 깎는 일이 너무 힘들었다. 읽고도 이해하지 못하는 사람이 많겠지만 이게 당시의 내 상황이었다.

눈물도 나지 않았다. 도리어 웃음이 났다. '드디어 이렇게 미쳐가는구나' 싶었다. 의사 선생님은 과거로 자꾸 돌아가 그날을 생각하는 행동이 발현되면, 어떻게 해서든 생각을 멈추게 해야 한다고 했다. 그냥 뭐라도 하라고 했다. 그 고리를 끊을 수 있는 거라면 무엇이라도 좋다고 했다. 보통 사람들은 의사가 저렇게 말하면 알아들었을 테지만, 나는 콕 집어 말해주지 않으면 알아듣지 못하는 상황이었다. 뇌가 멈춰버린 기분이었다. 물론 대충 이해하는 척 연기하고 돌아갈 수 있었다. 그런데 그러면 아무것도 하지 않고 또다시 복기와 회상을 반복하리라는 것이 눈에 그려졌다. 그래서 무기력한 말투로 내가 되물었다.

"그러니까 그 '무언가라도'가 뭔데요, 뭘 하라는 건데요?"

의사 선생님은 이렇게 답했다.

"분노의 양치질이라도 해요, 아니면 처방해주는 약을 먹고 주무셔도 되고요."

좋은 치료 방법인지는 모르겠으나 결과적으로 나에겐 잘 맞았다. 나는 의사 말을 잘 듣는 편이기 때문에 시키는 대로 잘 따랐다. 집에 가자마자 그날 현장의 기억이 다시 떠오르면 무조건 일어나서 화장실로 가서 양치질을 10분씩 했다. 느낌이 나쁘지 않았다. 깨끗하고 개운해지는 기분, 내 몸을 청결하게 관리하는 기분까지 들었다. 생각도 곧잘 멈추었다.

이건 좀 심하게 하는 거 아닌가 싶을 때는 바로 수면 약을 먹고 깊게 잠들었다. 참사 후 처음으로 깊고 오래 잠든 날이었다. 조금 살 것 같았다. 여전히 침대에서 자지는 못했지만 그래도 웅크려 자는 것만으로도 힘이 났다. '잠이 이렇게나 중요하구나' 하고 깨달았다.

어느 날은 소파에 앉아 있다가 또 양치를 하러 가려고 갑자기 일어나는데, 뒤로 벌러덩 넘어졌다. 발에서 흥건히 나던 땀 때문에 발이 방바닥에 닿자마자 미끄러진 것이다. 사실 발과 손에서 땀이 뚝뚝 떨어질 정도로 많이 나고 있었는데, 왜 이렇게 땀이 많이 나지 싶어서 애꿎은 보일러만 끄길 반복했다. 집이 너무 더운 거라고 생각했다. 양말을 신고 잠깐 집 밖에 나갔다 오면 양말이 축축이 젖어 발이 시렸다. 이 또한 그때는 문제인지 모르다가 시간이 조금 지나고 나서야 트라우마로 인한 신체 반응이었다는 걸 알게 됐다.

평소 땀이 많지 않았던 나는 특정 부위에만 땀이 나는 일이 처음이라 대단히 낯설었다. 땀 냄새가 나면 어쩌나 싶어 걱정스럽기도 했다. 어이없게도 한겨울에 땀 냄새가 나는 사람이 될까 봐 적잖이 스트레스를 받았다. 나중에 괜찮아지면 말해야지 했는데 결국 괜찮아지지 않았다.

그때부터 내게는 비밀이 하나하나 쌓여갔다. 원래 나는 수다쟁이다. 아무리 내 모습이 별로여도 그리 창피해하지 않고 친구들 앞에서 나 자신을 희화화하며 아무렇지 않게 떠들었었다. 그러나 어느새 나는 점점 말수가 줄었고 입을 닫기 시작했다. 진심으로 나 자신을 창피해한다는 걸 그렇게 인정한 셈이었다.

더 큰 문제는 내 가슴을 휘감고 있는 커다란 '상실감'이었다. 나는 무언가를 잃어버리고 누군가를 떠나보낸 느낌으로 매우 힘겨워했다. 이 상실감은 꽤 오랫동안 내게 머물렀고 그 때문에 트라우마를 가라앉히기가 어려웠다. 가족과 사별했거나 친구를 잃은 것처럼 '가까운 누군가를 잃은 경험'이라면 충분히 이해할 만했다. 그런데 나는 알지도 못하고 나와 관련이 없는 사람들을 잃고 힘들어하고 있었다. 도대체 왜 이렇게까지 힘든 걸까. 나는 내가 느끼는 그 상실감을 이해할 수 없었다.

정신과 전문의에게 한꺼번에 많은 사람을 잃은 사회적 참사 현장에 있었기에 그만큼 상실감도 컸을 것이라는 얘기를 들었다. 내 트라우마의 시작과 발현을 두고 본격적인 애도 반응이 나오는 것이라고도 했다. 애도란 누군가를 잃고 나서 보이는 반응으로 다양하게 나타날 수 있다고 설명했다. 감정이나 행동 변화 혹은 신체 반응으로 오기도 한다고도 덧붙였다. 깊은 트라우마로 환청(물론 환청은 문제가 될 수 있는 애도 반응이다)을 듣는 사람도 있다고 했다. 그 시기, 나는 환청을 듣지는 않았지만 심각한 이명을 겪었다.

나는 얼른 괜찮아지고 싶었다. 이 괴로운 상황에서 재빨리 벗어나고 싶었다는 것이 정확하다. 그러나 정신과 전문의는 애도 과정이 힘들기도 하고 슬프기도 하겠지만 겪을 수밖에 없는 과정이라고 말했다. 그것이 나를 좌절하게 했다. 물론 트라우마의 발현이 무조건 나쁜 게 아니라 꼭 거쳐야 하는 과정일 뿐이라고 나를 안심시키려 한 말이란 것은 알고 있었다. 그런데 나는 그 과정을 반드시 거쳐야 한다는 사실이 그저 괴로웠다. 난 아프고 싶지 않았다. 절벽 끝으로 내몰린 기분이었다.

어느 정도 예상은 했어도 내게 애도 기간은 생각보다 훨씬 더 힘들었다. 하지만 그때는 그 사실을 짐작조차 하지 못한 채 나는 '트라우마 치료'라는 이름으로 애도를 시작했다.

초롱의 일기

언니에게

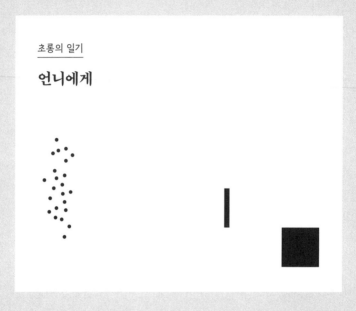

언니, 선생님이 처방해준 한 무더기의 약 봉지를 들고 나오며, 홍제역 근처에서 눈물을 훔치며 집까지 걸어왔어요.

나는 정말 약 없이도 버텨보려고 했는데, 거대한 약 봉지를 바라보니 내가 정말 아픈 사람인 거 같더라고요.

아, 나 아프구나. 그때 진짜 인정하기 시작한 것 같아요.

정말 인정하고 싶지 않았어요.

집에 와서도 한참을 식탁 위에 있는 약을 째려보고 눈싸움을 하다가 결국 입에 털어 넣었습니다.

평소에 '마음의 병도 감기나 다른 신체 질환처럼 치료를 받아야

하는 거다'라고 생각했지만, 막상 내가 약을 먹어야 한다고 생각하니
두려웠나 봐요.
트여 있는 척했던 편견 덩어리인 건 맞지만, 그렇게만 생각하기엔
어쩐지 너무 외롭고 속상해요.

(언니) 약 먹는 행위에 너무 의미 두지 마. 나도 코로나 때 너무 힘들고
잠이 안 와서 약 처방받아서 먹고 잤어.

진료는 의사에게,
약은 약사에게,
행복은 너에게.

- 언니의 말에 또 한 번 위로를 받았던 카카오톡 대화에서.

제가 좀 징그러운 인간인 것 같아요

병원 치료와 별개로 나는 여전히 한국심리학회 전화 상담에 의지하고 있었다. 그곳은 언제든 전화하면 내 곁에 있어주는 든든한 조력자 같았다. 비록 전화할 때마다 상담 선생님이 바뀌긴 했지만 그건 문제가 되지 않았다. 한국심리학회에서 참사 트라우마 상담을 담당한 분들은 하나같이 결이 비슷했고 언제 누구와 전화하든 상관없이 내게 도움을 주었기 때문이다.

내게는 잠을 이루지 못하고 밥을 먹지 못하는 것보다 더 힘든 게 있었는데 바로 '죄책감'이었다. 나는 이 부분을 해결하지 못해 정말 오래도록 고생했다. 무엇보다 죄책감의 정체를 자세히 들여다보고 문제의 본질을 파악하는 데 오랜 시간이 걸렸다. 죄책감은 생각보다 복잡하고 어려워서 나 혼자 해결할 수 없는 문제였다. 이것이야말로 꼬인 실타래 같아서 잘 풀어내지 않으면 잘못된 사고로 번져 나를 계속 공격할 수 있는 위험 요소였다. 죄책감은 계속해서 나를 힘들게 하는 개념을 넘어 어느 순간 갑자기 칼로 찌르듯 훅 치고 들어와 내 숨통을 조이는 형태로 찾아왔다.

혼자 있다가도 감정이 오르락내리락할 때가 많았는데, 그럴 때마다 할 수 있는 일은 심리학회로 전화를 거는 일이었다. 상담 선생님이 전화를 받자마자 "힘들어요"라고 말한 날도 있었다. 늘 그렇듯 한국심리학회 상담 선생님은 자세히 말해줄 수 있느냐고 물었다.

"저는 제가 좀 징그러운 인간인 것 같아요."

이 말을 시작으로 나는 길고 긴 이야기를 풀어놓았다. 나는 죄책감을 넘어 자기혐오의 절정으로 치닫고 있었다. 대단히 '나 잘난' 맛에 사는 유형은 아니었지만 내게는 분명 내가 좋아하는 내 모습이 있었다. 가슴에 담아둔 내 신조는 이러했다. '착하게 사는 건 애초에 말이 되지 않아. 위선이나 떨지 말자.' 나는 좋은 사람이 되고 싶은 욕망을 드러내는 대신 투명한 사람으로 살고 싶어 했다. 실수와 잘못된 행동뿐 아니라

야망이든 욕심이든 질투든 어떠한 형태의 추한 모습과 본능도 솔직히 드러내고 인정하고 반성하며 받아들이는 것이 중요하다고 여겼다. 내게 인정하고 받아들이는 일은 어렵지 않았다. 비록 모든 것을 완벽하게 받아들이고 반성하며 살지 못했고 여전히 해결하지 못한 잘못이 많지만, 그래도 최소한 내 상식과 신조대로 살기 위해 오랜 기간 노력했다. 그것을 내 자산으로 여기며 살 정도로.

그런데 참사 다음 날 보인 내 행동은 이 모든 것을 무너뜨렸다. 나는 전날 SNS에 올려둔 게시물을 삭제했다. 사람들이 내가 이태원에 갔다는 사실을 아는 게 두려웠다. 욕을 먹을까봐 무서웠다. 이건 명백하게 위선이었다. '욕을 먹는 건 하나도 무섭지 않아. 오히려 가리고 숨긴 채 뒤에서 구린 행동을 하는 게 더 무섭지'라고 생각하던 내 지론과 정반대되는 행동이었다. 뭐가 그리 대단하다고 특별한 척, 남과 다른 척, 위선자가 아닌 척하며 살아온 것일까. 애초에 그런 생각조차 하지 말걸. 단순히 창피한 수준이 아니었다. 매일 나는 나 자신에게 물었다. 너, 왜 그렇게 쪽팔리게 사니?

그게 끝이 아니었다. 시시때때로 나는 내게 '위선자! 비열한 것!' 하면서 맹비난을 퍼부었다. 내가 왜 사진을 지웠는지 그 이유를 들여다볼 생각은 하지 못한 채, 평소의 내가 하지 않던 행동을 저지른 것에 분노하며 스스로 모욕주기를 반복했다. 어쩌면 나는 이태원에 간 사실을 지울 수만 있다면 인생에서 지워버리고 싶었던 건지도 모른다. '아니야, 늘 그랬듯 사안을 정면으로 바라봐야 해. 그래야 일을 해결하고 나아질 수 있어.' 잠깐 그런 생각이 올라왔지만 그게 쉽지 않았다.

친구들에게 거짓말도 했다. 아무 일 없었다고. 나 괜찮다고. "어, 별일 없었어. 새벽에 차 타고 그냥 잘 왔어"라며 뉴스에서 다루는 참사 사상자와 내가 전혀 상관이 없는 듯 의식적으로 덮으려 했다. 내가 그 일에 연관되지 않았다고 열심히 가짜를 만들어낸 것이다. 그와 동시에 생각했다. 이 비열한 위선자. 그때 나는 내 초라함과 마주했던 것 같다. 그것이 미치도록 용서하기 어려웠다.

나를 죄책감과 자기혐오에 빠지게 한 또 다른 요인은 '무지'였다. 나는 그날, 무지했다. 어찌 그토록 무지할 수 있었을까. 나는 내 아둔함을 오래도록 치가 떨리게 싫어하고 미워했다. 현장에 있었으면서 어떻게 참사를 인지하지 못했을까. 아무것도 모르고 잘도 놀았던 내가 한심했다. 사람이 실려 나가는 데도 죽음과 상관없다고 여기며 놀고 있었다는 사실 자체를 받아들이지 못해 나는 끙끙 앓았다. 그날 그 시간에 내가 찍어둔 영상은 내 무지함을 낱낱이 보여주고 있었다. 나 자신이 징그러웠다. 사람이 뭐에 홀리면 주변 상황이 어떻게 돌아가는지 아예 모를 수 있는 건가 싶기도 했다. 귀여운 텔레토비 친구들에게 꽂혀서 바로 뒤로 사람이 실려 가고 있었음을 몰랐다는 게, 영상을 찍을 당시 그 상황이 내 눈에 전혀 들어오지 않았다는 게 믿기지 않았다.

평소 나는 무지함으로 인해 벌어지는 무례함을 경계해야 한다고 말하던 사람이었다. 심지어 나는 그런 사람을 싫어한다고 말하기도 했다. 나는 절대 그럴 일이 없을 거라 단언하고 확신했는데, 내가 그런 사람이 되어버렸다. 뭐가 그리 잘났다고 그렇게 떠들어댔을까. 내 모든 신념과 가치관이 와르르 무너져 내리는 듯했다. 이후 내 무지함으로 그냥 지나쳤던 그날의 장면은 모조리 죄책감과 후회로 돌아왔다. 그때 모자 가게 앞에 누워 있던 친구들을 적극 도와줄걸. 그때 힘들어하던 사람들을 더 신경 써서 살필걸.

느닷없이 어떤 장면이 불쑥 생각나기도 했다. 한번은 그날 그 현장에서 실려 나오는 사람들 사이로 특수 분장 메이크업 가방을 메고 어린아이처럼 펑펑 울며 걸어 나오던 한 여자애의 모습이 떠올랐다. '쟤는 왜 저렇게 서럽게 울까? 남자친구랑 헤어졌나?'라고 생각하며 대수롭지 않게 여기던 내 무지함에 또다시 치가 떨렸다. 현장 근처에서 핼러윈 특수 분장 아르바이트를 하던 아이겠지, 용돈을 벌어보겠다고 나왔다가 인파에 갇혀 그 끔찍한 장면을 목격하고 고통을 오롯이 흡수한 채 혼자 정신없이 걸어 나온 것이겠지. 뭐라 표현하기 힘든 감정이 저 깊은 밑바닥에서 올라왔다. 시간이 흐르고 아리송하던 장면들을 하나하나 이해할수록 내 무지함은 더욱 선명하게 드러났다. 눈물을 흘리던 그 친구는 잘 지내고 있을까? 밥은 잘 먹을까?

그날의 내 무지한 행동에 따른 충격은 쉽게 가시지 않았다. 친구들은 곁에서 네 잘못이 아니라고 끊임없이 말해주었으나 나만 아는 내 구린 부분이 나를 괴롭혔다. 그걸 친구들에게 솔직하게 털어놓지도 못했다. 용기가 나지 않았다. 내겐 친구들이 건네는 위로의 말이 하나도 들리지 않았다. 그렇게 어떤 위로도 통하지 않고 내가 끊임없이 괴로움에 몸부림친 까닭은 스스로 나를 용서하지 못했기 때문인지도 모른다. 그건 내 문제였고 나는 나와의 싸움에서 크게 패하고 있었다. 징그러운 인간 같으니라고. 방관자! 용기 없는 바보! 나는 나 자신을 향해 마구 욕을 해댔다.

친구들에게 위로받을 때마다 나는 생각했다. '그날 내가 어떻게 행동했는지 너희들이 다 아는 것은 아니잖아. 너희들은 내 비열함을 모르잖아. 난 그렇게 좋은 사람이 아니야. 그날 나는 CPR을 해달라는 요청을 듣고도 모른척했어. 이런 내 비열함을 너희들이 알아? 그래도 내 잘못이 아니라고 말할 수 있어?' 속마음이 이러했던 나는 친구들의 위로에 어떻게 반응해야 할지도 모르는 채 고통만 쌓아갔다. 무지함을 넘어 창피하게 행동했다는 자책감에 더해 용기를 내어 사람을 돕기는 커녕 도망쳐버린 선택을 한 결정이, 수치스러웠다.

"선생님, 친구들에게 말하지 못한 게 있어요, 이걸 다 알아도 친구들이 네 잘못이 아니라고 해줄까요?" 이 말이 아주 자연스럽게, 흘러나왔다.

지금도 창피하다고 생각하세요?

"네, 안녕하세요. 여기는 한국심리학회 상담센터입니다. 저는 참사 이후 힘들어하시는 분들을 위해 도움을 드리는 전문 상담사입니다. 무엇이 지금 가장 힘드세요? 어떤 것도 좋으니 이야기하셔도 됩니다."

"선생님, 안녕하세요. 저는 정말 많이 나아졌습니다. 이미 수천 명의 사람이 남겨준 댓글로 빠르게 회복했다고 생각했고 실제로 많이 나아졌어요. 그런데 왜 전화를 받자마자 인사를 하시는 선생님의 안내 멘트에 갑자기 또 눈물이 터지는 걸까요."

초롱 선생님, 저는 정말 이제 괜찮아졌어요. 이미 수차례 상담과 진료로 인해서 죄책감과 자책감 같은 것들은 많이 해결되었고, 충분한 애도를 통해 자력을 되찾았습니다. 많은 것을 털어냈는데 딱 한 가지 걸리는 게 있었어요. 바로…… 창피함입니다. 참사 다음 날인 일요일 아침, 제가 가장 먼저 했던 일이 뭔지 아세요? 바로 핼러윈 분장을 하고 이태원에서 놀고 있던 인스타 스토리를 황급히 삭제한 거였어요. 제가 창피함을 느끼고 있었던 것 같은 거예요. 거기 간 걸 창피하다고 생각하고 있었어요.

상담 선생님 어떤 부분을 창피하다고 느꼈던 것 같으세요?

초롱 핼러윈 분장한 것 창피해, 이태원 간 것 창피해, 주변 지인들이 이태원 갔다는 것 몰랐으면 좋겠다, 갔다고 욕먹으면 어떡하지, 파티했다는 것 창피해, 파티를 즐기는 사람이라는 것도 창피해. 이런 감정이었던 것 같아요.

상담 선생님 욕먹을까 봐, 라고 하셨어요? 그 이유가 뭘까요?

초롱 그냥…… 작년 코로나19 때 이태원에서 일이 있었잖아요.* 그게

---

* 이태원의 한 클럽에 방문한 시민이 코로나19 확진자로 밝혀진 뒤 언론에서 비판적 보도를 쏟아냈던 일.

생각났던 것 같아요. 무서워서 어딜 갔다고 말하지도 못하던 시절이요. 욕먹으면 어떡하지, 생각 없는 애라고 뒤에서 떠들면 어떡해. 그리고 '구조 현장에서 아무것도 안 하고 놀기만 한 사람들 평생 죄책감에 시달리며 살았으면 좋겠다'라는 글도 본 것 같아요.

상담 선생님 지금도 창피하다고 생각하세요?

초롱 창피하다고 생각했던 것을 창피해하고 있어요, 지금은. 내가 왜 인스타그램 스토리를 삭제했지, 너무 후회돼요.

상담 선생님 창피함에 대한 시각이 지금은 바뀐 거네요. 그때 창피해했던 이유와 지금 창피함에 대한 이유가 달라요, 그죠?

초롱 네, 맞아요. 저는 분명히 이태원 현장에 가서 충분히 애도하고. 가길 잘했다고, 오히려 이태원은 잘못이 없다고, 상인들도 잘못이 없다고. 당당히 이태원에 밥도 먹으러 가야지, 시간 내서 또 헌화하러 이태원에 가야지, 내년에 꼭 핼러윈 분장 더 화려하게 더 세게 하고 이태원에서 놀아야지 그랬는데. 창피함이라는 감정이 탁 걸리는 순간……

상담 선생님 본인에게 시간을 좀 더 주세요. 시간이 많이 필요한 작업이에요. 생각보다 시간이 아주 많이많이 필요해요. 빠르게 일어나고 싶었나 봐요, 정말로. 그리고 오히려 새로운 관점이 생겨서 새로운 감정으로 창피함을 바라보고 있어요. 이건 좋은 현상이에요. 창피함을 창피해하고 있다는 것이요.

초롱 전화 드리기 전까지는 친구들이 보고 싶었어요. '야, 우리 놀러 가자. 클럽에 가자. 맛있는 거 먹으러 가자. 좋은 데로 커피도 마시러 가자' 이렇게. 그런데 창피함을 깨달은 순간, 이제는 헷갈려요. 그래도 될까? 아닌 것 같아요, 갑자기…….

상담 선생님 어떻게 생각하세요? 그래도 될 것 같으세요?

초롱 선생님과 상담하는 도중에 그래도 될 것 같다는 생각으로 많이 바뀌긴 했지만…… 정말 그래도 될까요? 모르겠어요, 선생님. 제가 지금 그래도 된다는 이야기를 듣고 싶나 봐요.

상담 선생님 저는 이렇게 하세요 저렇게 하세요, 정답을 감히 내려드릴 수 없는 사람이지만 내가 선택할 수 있는 여러 가지 방법 중의 하나라고 분명히 생각해요. 그게 맞다고 생각하면 그렇게 하면 돼요. 우리 모두 각자의 방식으로 애도할 수 있는 거니까요. 그렇게 생각하셨다면 친구들과 놀러 가셔도 돼요. 정말로요. 우리는 이번 참사를 통해서 더 나은 세상을 만들려고 노력하는 중이잖아요? 더 나은 세상을 만들려는 노력은 각자 다 달라요. 우리가 할 수 있는 것을 찾는 거예요. 대단한 일이 아니어도요. 일상으로의 복귀가 가장 대표적인 노력이라고 저는 생각합니다.

초롱 오늘은 예능을 보고 싶었어요. 오늘 집에 돌아와서는 저녁에 〈무한도전〉을 봐야지 하고 생각했어요. 지난 며칠간은 집착이라고 할 정도로 뉴스만 봤거든요. 그런데 제가 예능 같은 걸 봐도 될까요?

상담 선생님 네, 물론이죠. 정말 보셔도 돼요.

초롱 선생님, 제가 정말 그걸 보고 깔깔거리고 웃고 떠들어도 될까요?

상담 선생님 아…… 정말 물론입니다. 진짜로요. 질문 하나 할게요. 누굴 제일 좋아하셨어요?

초롱 제가 박명수 씨를 되게 좋아하거든요. 그분 개그 스타일을 참 좋아해요. 뜬금없이 말을 툭 내뱉어서 사람 황당하게 웃기는 거나 가만히 있다가 웃음 터지게 하는 거요.

상담 선생님 또 누구 좋아하셨어요?

초롱 유재석 씨 좋아하는데, 그냥 그분이 다른 사람 놀리는 거 좋아했거든요. 유재석 씨가 다른 사람 놀리는 거 보고 싶더라고요. 제가 놀림받았으면 좋겠기도 해요, 친한 친구들 중에 웃긴 애들 정말 많거든요. 걔네가 아무렇지 않게 저를 놀려줬으면 좋겠어요.

상담 선생님 제가 감히 오늘 숙제 하나 드릴게요. 박명수 씨 짤 하나, 유재석 씨 짤 하나, 옛날 〈무한도전〉 짤 하나, 이렇게 세 개는 저녁에 꼭 보기. 보면서 깔깔깔 엄청 웃기. 꼭 약속해요!

초롱 정말 감사합니다, 정말로요. 제가 꼭 오늘 볼게요. 그리고 또 전화드릴게요. 감사합니다, 정말로.

나였어도 그랬다

수화기 너머로 내 이야기를 조용히 듣고 있던 한국심리학회 상담 선생님이 어느 날, 내게 이런 얘기를 들려주었다.

"그날 초롱 씨처럼 현장에 있던 분을 전화로 상담한 적이 있어요. 남자 분이었는데 군필자라서 CPR을 할 줄 안다고 했어요. 처음에 지체 없이 CPR을 하고 여러 사람을 돕다가 어느 순간 자기 앞으로 온 환자의 상태를 보고 얼어버렸다고 하더라고요. 몸과 얼굴이 많이 망가져 있었고 피를 많이 흘린 사람이라고 했습니다. 더 이상 CPR을 하지 못하고 도망쳐 나왔다고 하더군요. 그분, 지금까지 도망쳤다는 자책감으로 울고 잠을 이루지 못하며 힘들어하다가 전화를 한 거예요. 초롱 씨

라면 그 사람에게 무슨 말을 해주고 싶어요?"

"나였어도 그랬다."

내 입에서 불쑥 이런 말이 튀어나왔다. 나는 휴대전화를 붙들고 머리가 아플 정도로 울었다. 한참을 우는 동안 어떤 말이 오갔는지 정확히 기억나지 않는다. 다만 내가 '나였어도 그랬다'라는 말을 내뱉을 수 있도록 상담 선생님이 잘 이끌어 주셨다는 것, 덕분에 내가 자책감과 죄책감에서 빠져나와 처음 위로받았다는 감각은 분명하게 남아 있다. '네 잘못이 아니야'는 나를 위로하지 못했지만 '나였어도 그랬다'는 실제로 나를 위로해주었다.

상담 선생님은 내게 다시 그때로 돌아가 CPR을 요청받으면 도울 것 같으냐고 물었고, 나는 모르겠다고 답했다. 상담사는 확신에 차서 말했다. 아마도 못할 것이라고. CPR을 하던 사람도 힘들어서 현장을 벗어났을 만큼 엄청난 참사였음을 정확히 꼬집어 알려준 것이었다. 또 실제로 CPR을 활용하거나 전문적으로 해본 적도 없는데다, 술에 취해 있던 상태에서 CPR을 하지 않은 것은 오히려 안전한 선택이었다고 덧붙였다. 들으면 들을수록 틀린 게 하나 없는 상담사의 말이 나를 위로해주었다. 마지막으로 상담사는 이렇게 물었다.

"왜 타인의 상황일 때는 '나였어도 그랬다'라고 말하면서 비슷한 상황에 놓인 자신에게는 그 말을 들려주지 못하나요?"

내가 대답했다.

"그렇게 많은 사람이 죽었는데 어떻게 내가 잘못한 건 아무것도 없다는 생각을 할 수 있어요. 그건 너무 이기적인 거잖아요. 사람이 150명 넘게 죽었어요. 이런 상황에서 어떻게 자기 합리화를 해요. 너무 양심이 없잖아요. 내 탓을 하는 것 말고는 머리가 안 돌아가요."

상담사가 다시 물었다.

"이기적인 게 나쁜 거예요?"

이때 나는 다시 눈물이 터졌다. 내 흐느낌을 들으며 상담사가 조용히 말했다.

"이기적인 게 나쁘기만 한 것이라고 누가 그래요? 이기적으로 나만 생각해야 할 때도 있는 거예요."

상담사의 목소리를 들으며 나는 점차 내 뇌가 제자리로 돌아오는 느낌이 들었다. 좋은 의미의 충격이 시작된 셈이었다. 특히 나만 잘 살겠다는 이기심을 보이라는 게 아니라 상황을 객관적으로 냉철하게 바라볼 줄 알아야 문제를 해결할 힘을 얻게 된다는 말에 안도감이 찾아왔다.

눈앞의 모든 것이 선명해지는 느낌이었다. 비로소 숨 쉴 구멍을 찾은 기분이랄까. 그날 상담에서 들은 말은 훗날 내가 사건을 똑바로 바라보면서 잘못된 지점을 파악해나가는 데 큰 도움을 주었다. 아쉽게도 시간이 흘러야만 보이는 것들이 있다. 그는 정말 좋은 상담사였고 그날 내가 들은 말은 내 삶을 바꿀 만큼 아주 훌륭했다.

또 다른 날 통화한 상담 선생님의 말도 생각난다. 그날 나는 SNS에서 사진을 지운 일을 두고 괴로움을 토로했는데 그 일로 스스로를 너무 가혹하게 몰아대지 말라는 말을 들었다. 상담사는 만약 자신이 참사를 겪은 당사자였다면 자신도 그렇게 했을 거라고 덧붙였다. 자연스럽게 나올 수 있는 자기방어 행동이라는 얘기였다.

'나였어도 그랬다'라는 말은 여러모로 마법 같은 힘을 발휘한다. 고통을 겪는 상황에서는 이기적으로 나만 생각해도 괜찮다며 지지해주는 동시에 나와 타인 모두를 위로해준다.

내가 본격적으로 열심히 나만 생각하며 토해내듯 글을 쓰는 과정에 힘을 실어준 것은 이때의 경험이었다. 참 신기한 일이었다. 나는 남을 위해 글을 쓴 것이 아니었다. 오롯이 나를 위해, 나 살자고 글을 쓴 것이었다. 인터넷 공간에 글을 연재하고 그것이 여러 커뮤니티로 퍼져나갔을 때, 많은 사람이 '나였어도 그랬다'라는 말에 자신도 위로받는 기분이라는 댓글을 다는 것을 보고 나는 나를 위한 글이 결국 타인을 위한 글이 될 수도 있다고 믿게 됐다. 특히 고통을 있는 그대로 드러내는 과정을 글로 쓰는 일은 반드시 타인에게 도움을 준다. 나 역시 타인의 고통 이야기를 읽으며 공감하고 위로받았다. 그들도 분명 자신을 위해 그 이야기를 열심히 썼을 것이다. 오직 자기 자신을 위해, 이기적으로. 이제 내가 쓸 차례라고 생각하니 편했다. 가장 이기적인 것이 어쩌면 가장 이타적인 것일지도 모른다.

초롱의 일기

관점을 다음번으로 바꿔볼까요

상담 선생님 시간을 되돌려 그날 그 시간으로 간다면, 쓰러져 있던 여성분을 도울 것 같으세요?

나 모르겠어요.

상담 선생님 아마 할 수 없었을 거예요. 사람이 꽉 들어찬 거리에서 떨어진 휴대전화나 소지품을 줍겠다거나 사람을 돕겠다고 몸을 숙이면, 그대로 내가 위험해질 수 있어요. 다시 한번 질문 할게요. 시간을 되돌린다면 그 사람을 구하러 몸을 숙이셨을 거 같으세요?

나 아니요.

상담 선생님 CPR도 마찬가지예요. 전문 인력이 아니고 술을 드신 상태라 참여했어도 큰 도움이 되지 못하고 오히려 돕지 못했다는 무기력함을 느꼈을 수 있어요.

그럼 우리 관점을 '다음번'으로 바꿔 볼까요? 다음번에 이런 일이 생기면 내가 사람 살리는 데 도움이 될 수 있게 CPR을 배워봐야지. 우리 같이 CPR 배우는 거 알아볼까요?

(중략)

상담 선생님 사람이 실려 나가는데, 그것도 모르고 술 먹고 춤추고 놀았다는 사실도 마찬가지예요. 원래 술 먹고 노는 곳인데 벌어지지 말아야 할 일이 벌어진 거예요. 우리 또 관점을 바꿔볼까요? 만약 그 상황으로 돌아간다면, 무엇이 있으면 정말 도움이 되었겠다 싶으세요?

나 경찰의 마이크, 스피커, 확성기…… 그리고 안 들릴 수도 있으니까 LED 전광 안내판 같은 거, 있었으면 좋겠다. 세계음식문화거리 술집 상인들도 그거 없으면 영업할 수 없었으면 좋겠기도 해요. 상인들끼리 핫라인 연결도 있으면 좋겠고…….

(상담 선생님) 좋은데요? 그럼 우리 이걸 가지고 지금 해볼 수 있는 걸 해볼까요? 작게는 주변 친구들에게 알리기. 크게는 언론사 제보 채널에 알리기.

우리 사회에서 참사가 다시 발생했을 때, 경찰도 통제를 하며 마이크나 확성기 그리고 전광판을 이용해야 한다고요. 상인들은 마이크, 확성기, 핫라인 연결이 없으면 영업을 못 하게 해야 한다고요.

이 제보가 받아들여질 수도 있고 아닐 수도 있지만, 그건 중요하지 않아요. 적극적으로 내가 행동하는 것이 지금의 무력감을 해소하는 데 도움이 많이 될 거예요. 그런데 누가 알겠어요? 이게 만약 반영돼서 뉴스나 기사에라도 나올지? 그러면 갑자기 확 살아갈 힘이 백 배, 천 배는 날 걸요?

- 두 번째 심리 상담에서 전문가의 필요성을 느끼다,
희망을 느꼈기 때문에.

다행이라는 말은 하지 말아요

"초롱 씨, 살아 돌아와서 정말 다행이에요."

상담을 받으면서 나는 이 말을 아주 많이 들었다. 모두가 내게 살아 있어서 다행이라고 말해주었다. 정신과 전문의도 그랬고, 전화 상담을 한 한국심리학회 선생님과 구청 센터 선생님도 같은 말을 했다. 나중에 만나 본격적으로 대면 상담을 시작한 공덕동 상담 선생님도 마찬가지였다.

다행이라니, 처음엔 그 말이 매우 낯설었다. 마치 한 번도 염두에 둔 적 없는 무언가를 요구받는 느낌이었다. 위로받는다는 생각은 조금도 들지 않았다. 그렇게 면목 없는 느낌이 계속 이어지고 있었다. 이 글을 쓰는 지금도 다행이라는 느낌은 없다. 나는 여전히 내가 살아 있다는 사실을 '다행'이라고 여기지 않는다. 그보다는 겪지 않아도 될 일, 겪어서는 안 될 일을 겪었다고 생각하는 편에 더 가깝다. 주위의 많은 사람이 내게 묻는다.

"참사로 목숨을 잃은 사람들 이야기에 네가 왜 그렇게까지 힘들어하고 아파하니?"

내 대답은 한 가지다. 나는 그들의 죽음을 내 죽음으로 받아들이고 있다. 그날 참사 현장에 있던 사람 중 죽음을 원한 사람은 아무도 없었다. 순전히 '운'으로 누군가는 살고 누군가는 죽음을 맞이했다. 그 사실을 나는 여전히 '다행'으로 여기지 않는다. 오히려 내 삶을 무거운 책임감과 부담감으로 짊어지고 있다.

결혼을 약속하고 이를 준비하며 이태원에 들렀다가 예비 신부를 잃은 사람의 얘기를 들은 날이 기억난다. 바로 곁에서 예비 신부가 선 채로 싸늘한 주검으로 변해가는 모든 장면을 두 눈으로 목격한 남자였다(사람들은 압사한 사람이 더 많을 거라고 생각하지만 실제로는 선 채로 질식사한 사람이 더 많다). 용기를 내 공청회 자리에 온 그는 울먹이며 말했다.

"사람들은 제게 살아남아 다행이라고 말합니다. 저는 동의할 수 없습니다. 저는 세상에서 가장 불행한 사람입니다. 사

96

랑하는 사람이 죽어가는 모습을 목격한 채 혼자 살아남는 것은 다행인 일이 아닙니다."

나는 이 말에 깊이 공감했다. 그도 나처럼 이런 일은 일어나지 않았어야 한다고, 겪어서는 안 될 일이라고 생각하는 것 같았다. 그러니 이 일에 '다행'이라는 말은 붙일 수 없다. 사랑하는 사람을 잃은 그의 고통은 내 고통보다 몇 배는 더 클 것이다. 나는 종종 그의 안위를 걱정하며 기도한다. 공청회 자리에서 그가 울먹이며 "저는 세상에서 가장 불행한 사람"이라고 말하던 목소리가 너무 생생해서다. 공청회가 끝난 뒤 한 국회의원이 눈물을 흘리며 진심으로 미안하다고 고백하던 장면도 생각난다. 예비 신부의 장례식장에서 그를 만났을 때만해도 조금만 힘들고 다시 일어나서 (새로운 사람도 만나고 결혼도 하는) 자기 삶을 살았으면 좋겠다고 생각했단다. 그런데 공청회 자리에서 다행이 아니라 불행이라고 힘겹게 말하는 그를 보며 그렇게 쉽고 단순하게 생각한 자신이 부끄럽고 미안하다고 했다. 이 말을 하며 눈물을 흘리는 그 국회의원의 말은 진심이었다. 정말 무지함에 부끄럽고 미안해하는 모습이었다. 당사자가 말하지 않으면 모르는 고통에 관해 우리는 얼마나 무지한가.

그러니 우리는 계속해서 더, 많이, 자주, 주기적으로 말해야 한다. 이 고통을. 이 참사를.

　나는 너무 아파서 아무 말도 하지 못하고, 울 수도 없고, 신음조차 내지 못하는 사람들을 알고 있다. 이현 씨에게 형주 씨는 착한 남동생이었다. 나이가 열 살이나 어렸지만 언제나 누나를 챙기고 누나에게 여기저기 놀러 가자고 하는 살뜰한 동생. 날이 좋으면 자전거로 잠수교를 같이 쌩쌩 달리기도 하고, 10월 초에는 여의도로 불꽃놀이를 구경하러 가자던 친구 같은 동생. 하지만 이현 씨는 좋아하는 남자와 데이트하느라 동생의 제안을 거절했고, 상경한 지 얼마 되지 않아 서울에 친구가 많지 않던 동생은 혼자 불꽃놀이를 보러갔다. 동생은 대수롭지 않은 듯 "내년에 같이 가면 되지" 하고 웃어 보였다. 시간이 조금 흐르자 숫기 없고 내향적인 동생은 점차 서울 생활에 재미를 붙이고 즐기기 시작했다. 이현 씨는 혼자서도 여기저기 잘 구경하러 다니는 동생을 흐뭇하게 바라보곤 했다. 얼마나 재밌었으면 전날 갔던 이태원을 그다음 날 또 구경하러 갔을까. 이틀이나 혼자 이태원 구경에 나선 동생이 차가운 주검으로 돌아온 그날, 소개팅을 하고 있었던 이현 씨는 자신을 원망했다. 불꽃놀이에도 혼자 보냈는데 이번에도 혼자 놀게 놔뒀다며 하염없이 울었다. 이현 씨가 내게 말했다.

　"그 말이 그렇게 듣기가 싫더라고요. '산 사람은 살아야지 어떡하겠어'라는 말."

이 말은 내가 들은 '다행이다'라는 말과 일맥상통했다. 아니, 다행이라는 말보다 좀 더 아프게 들렸다. '산 사람은 살아야 한다'는 걸 이현 씨가 모를 리 없다. 그런데 그 말은 '잊어야지 별 수 있느냐'는 말처럼 들리기도 한다. 잊을 수 없는 사건과 사람을 어떻게 평생 잊을 수 있겠느냐고 따져 묻고 싶지 않았을까. 나 같은 사람도 주위 사람들에게 "그날을 어떻게 잊어요"라고 말한다. 하물며 가족을 잃은 사람에게 '잊어야지 별 수 있느냐'는 말이 얼마나 비수처럼 다가올지 짐작하기도 어렵다. 어떤 때는 그 말이 마치 동생의 사망은 정해진 운명이니 체념하라는 말처럼 들려 속상하고 화가 난다고 했다. 하나마나 한 위로는 이현 씨를 아프게 하고 분노만 자아낼 뿐이었다. 대안 없는 물음표를 던지는 것은 위로가 아닌 생채기로 남아 우는 날을 더 연장하게 할 뿐 아무 힘이 없다.

나는 이현 씨를 가만히 바라보다가 만약 내가 그라면 어떤 마음을 받고 싶을까 생각해봤다. 그냥 그를 만날 때마다 동생 이야기를 실컷 해야겠다 싶었다. 그렇게 이현 씨의 애도를 돕고 싶었다. 실제로 유가족에게 떠난 가족의 이야기를 실컷 할 수 있는 상대는 유가족뿐이다. 나는 이 사실을 미리 들어 알고 있었다. 그리우면 그리운 대로 떠나간 사람의 이야기를 아무렇지 않게 마구 할 수 있는 상대가 필요하다. 나는 이현 씨에게 동생이 평소에 어떤 사람이었는지 묻고 대답을 들었다. 그렇게 나는 이현 씨가 동생과 했던 것을 함께하며 그냥 곁에 머물러주는 사람이고 싶었다.

"동생이 생각날 때마다 저하고 이야기해요. 봄이니까 우리 꽃도 보러가고 남동생과 함께 탔던 자전거도 타러가요. 그냥 저랑 이것저것 함께하면서 놀아요."

나는 이현 씨가 서서히 동생의 부재를 받아들이는 모습을 상상했다. 그리고 이태원에 가본 적도 없고 핼러윈 문화를 낯설어하는 그를 데리고 참사 현장을 걸으며 이태원과 참사 당일 이야기를 해주었다. 이현 씨는 정말 알고 싶었다고 했다. 아무도 설명해주지 않아 가슴에 멍이 들기만 했는데 조금은 풀리는 기분이라며 그제야 동생이 왜 두 번이나 연속으로 여기를 방문했는지 알겠다고 했다. "재밌는 동네니까, 당연히 그러고 싶었겠네"라는 말에 나는 울컥했다. 이게 뭐라고, 뭐 얼마나 어려운 일이라고 그동안 이런 배려조차 받지 못했을까 싶어 서글펐다.

문득 사람들이 나를 위로하던 순간이 스쳐 지나갔다. 어느 날 갑자기 연락한 친구 D는 앞뒤 설명 없이 불쑥 이렇게 말했다.

"그냥 너를 다시 만날 수 있어서 기뻐. 너랑 다시 이야기할 수 있어서 정말 좋아."

친구 N은 새해 인사를 핑계 삼아 시간 간격을 두고 이런 문자를 보냈다.

'뭐해? 그냥 연락해봤어. 새해 복 많이 받으라고. 참, 시간 되면 집에 밥 먹으러 와.'

'미안해. 너무 뜬금없었지? 새해 핑계로 슥 넘어가 보려고 했어. 모르긴 몰라도 나 같은 애 주변에 많을 거야. 뭐라고 해야 할지 모르겠어서 바로 연락도 못 하고, 미안해. 내가 이렇게 후졌어.'

'다시 만나서 기쁘다'는 말과 '내가 이렇게 후졌어'라는 말이 살아서 '다행'이라는 말보다 내 치유에 훨씬 큰 도움을 주었다. '좋은 위로'라는 건 뭘까. 아직도 잘 모르겠다. 그러나 이제는 아픈 사람을 알아볼 수는 있을 것 같다. 그들 곁에 함께 서 있는 것도 해줄 수 있다. 나는 기꺼이 그들 곁에 서 있기를 선택할 것이다. 힘을 내도록 그 사람 편이 되어주는 데는 많은 말이 필요치 않다.

꼭 겪어봐야 안다. 인생이 야속하다.

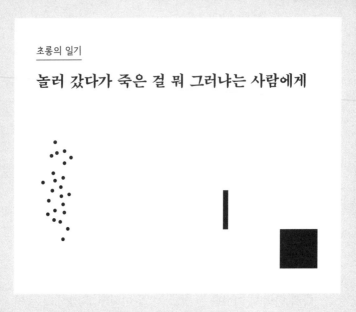

초롱의 일기

놀러 갔다가 죽은 걸 뭐 그러냐는 사람에게

선생님, "오늘은 마음이 어떤가요?"라고 물으셨지요.

사과를 하고 싶다고 대답했습니다.

선생님은 한참 생각하시더니 "충분한 애도를 하지 못하셔서 그럴 수 있겠다는 생각이 들어요. 가는 길에 이태원역에 들러 추모하고 가시는 건 어떨까요?"라고 하셨고 저는 조금 망설였지요.

상담 선생님 "초롱 씨는 충분히 강한 사람이고, 상담을 쭉 해본 결과 회복탄력성이 좋고, 사실은 내 잘못이 아니라는 것을 누구보다 빠르게 인지하고 받아들일 수 있는 사람이에요. 하지만 그것과 별개로 참사 현장에서 무언가 행동을 하지 않고 도망치듯 집으로 온 것에, 현장에서 충분히 애도를 하지 못한 것에 미안함과 자책이 있는 것 같아요."

그 길로 곧장 이태원으로 향했습니다. 선생님, 가는 길 내내 심장이 두근거리더라고요. 왜냐고요? 그냥 내가 미움받을까 봐요. 그냥…… 그 어린 영혼들이 나를 미워하면 어쩌나 싶어서요.

꽃집에 들러 국화꽃을 가지고 이태원역 1번 출구에 도착해서 편지를 써 붙이고 헌화하고 절을 두 번 했습니다.

그리고 속으로 외쳤어요.
"잘못했습니다, 미안합니다.
더 좋은 사람으로 살아가며 누구에게든 베풀면서 살아갈게요.
잘못했습니다, 미안합니다."

마음이 많이 풀렸습니다. 응어리진 것이 풀려나가고 가슴이 가벼워지는 느낌이었어요.
오길 잘했다 싶었고요.

그런데 옆에서 어떤 할머니랑 아주머니가 싸우시더라고요.

할머니가 '놀다가 죽은 걸 뭐 어쩌라는 거냐'라고 하셨더군요.

그 할머니에게 대놓고 말하고 싶은 것을 꾹 참았어요.

'할머니, 그러니까 이게 어떤 거냐면요.

트로트 좋아하세요? 임영웅 같은 사람이요.

임영웅, 송가인 이런 사람들이 무료로 트로트 축제를 열었대요. 놀러

가고 싶으시죠? 거기 놀러 갔다가 사람이 하도 많아서 깔려 죽을 수

있다는 이야기예요.

전국노래자랑, 거기 구경을 갔다가 그냥 깔려 죽을 수 있다는

소리예요.'

'놀러 갔다가 죽은 걸 뭐 그러냐'는 많은 사람에게 이렇게 말하고

싶습니다.

"안녕하세요, 혹시 나이가 어떻게 되세요?

2002년 월드컵 때 성인이었나요?

그때 재밌게 잘 놀러 가셨지요? 온 나라가 축제 분위기였으니까 젊은

층 모두가 길거리에서 놀았잖아요. 그때 깔려 죽었을 수도 있었다는

소리예요.

안녕하세요. 당신은 이런 거 저런 거 하며 놀지도 않고 집돌이,

집순이이신가요?

혹시 스트레스 어떻게 푸세요? 맥주 한 잔? 피시방(PC방)?

동네 노가리 파는 맥줏집에 갔는데 갑자기 사람이 떼로 몰려서 죽을
수도 있다는 소리예요.

피시방에 갔는데 피시방에서 사람이 갑자기 죽을 수도 있다는
소리고요.

쇼핑하러 명동에, 익선동에, 코엑스에 갔는데 그날따라 사람이 너무
많아서 깔려 죽을 수 있다는 소리예요.

삼풍백화점 붕괴 참사 생존자 분이 그러시더라고요.

'그때 나에게 왜 백화점에 갔냐는 사람은 없었다'라고.

그러니까 이게 무슨 말인지 아시겠어요?"

- 심리 상담 치료 후 이태원 추모 현장에서.

분노가 시작되었다

오은영 박사의 〈금쪽같은 내 새끼〉는 내가 좋아하는 프로그램 중 하나다. 참사 이후 나는 격렬한 사연과 감정이 휘몰아치는 그 프로그램을 보지 못하고 한동안 멀리하다가 우연히 어떤 장면을 접했다. 그 장면에 등장한 어떤 단어가 오래도록 나를 사로잡았다. '유기 공포.' 언젠가 내가 버려질지도 모른다는 불안에서 시작되는 공포증이다. 그 장면에서 아이는 설명할 수 없을 정도의 분노와 적개심에 휩싸여 화를 분출하고 있었다. 정작 아이의 진짜 속내는 자기 부모가 자신을 언제 버릴지 모른다는 공포에 사로잡혀 있다고 했다. 나도 모르게 그 상황이 이해가 갔다. 정확히 표현할 수는 없지만 참사 이후 내 상태는 그 아이의 무언가와 닮아 있었다.

　나는 분명 알고 있었다. 나를 사랑하고 지지하는 많은 사람과 내 편이 되어주는 따뜻한 사람들이 나를 등지지 않고 곁을 지켜주리라는 것을. 그런데도 왜 나는 불안했을까. 가까이에서 나를 감싸 안아주는 사람이 한 명 나타나면 동시에 나는 반대편에서 사회적으로 버려지는 상황과 마주했다. 사회적 유기였다. 뉴스와 길거리, 인터넷, 어른들 그리고 위로할 줄 모르는 사회가 그랬다. 나는 또다시 한국심리학회로 전화를 걸었다.

　"선생님, 사람들이 자꾸만 현장에서 잘못한 사람을 찾아요. 현장에서 잘못한 사람은 없었어요. 누가 밀었다는 것이 중요한 게 아니잖아요. 모두가 밀렸고 '밀어, 밀어'라고 외친 게 아니었어요. 분명 '뒤로, 뒤로'였거든요. 제가 정확히 들었어요. 제 친구도 같이 들었고요. 머리띠를 한 사람을 찾는 게 뭐가 그리 중요하죠? 정말 중요한 건 그게 아니지 않아요?"

　"선생님, 사람들이 자꾸만 인터넷에서 상인들을 욕해요. 저러다 사람이 또 죽으면 어떡해요? 저, 정말 무서워서 돌아버릴 것 같아요."

　나는 그들에겐 아무 잘못이 없다고, 그들은 그냥 그곳에서 최선을 다했을 뿐이라고 미친 사람처럼 반복해서 이야기했다. 현장에서 무슨 일이 일어나고 있는지 알아채지 못한 사람은 나 말고도 많았을 거라고도 했다. 지금 생각해보면 그 모든 말은 내게 하는 말이기도 했다. 나는 정말로 상인들이 쏟아지는 비난 때문에 힘들어서 목숨이라도 끊을까 봐 두려웠다. 사회가 그들을 버렸다고 생각할까 봐 무서웠다. 내가 언론사에 당시 상황을 제보하기로 마음먹은 이유는 더는 사람이 죽는 것을 보고 싶지 않았기 때문이다. 그러나 답이 오지 않았다. 버려지는 기분을 반복해서 느끼자 원망과 분노가 솟아났다. 내가 할 수 있는 건 무얼까.

참사 초기, 글을 써서 마음의 응어리를 풀고 애도를 시작해보는 것은 어떠냐는 한국심리학회 상담 선생님의 권유를 받아들여 실행에 옮긴 것은 그때였다. 억울했고 또 분했다. 세상 사람들이 아무것도 모르면서 떠들고 있다는 생각이 머릿속에서 지워지지 않았다. 그 참을 수 없는 화는 앉은자리에서 그간 있었던 모든 일과 느낀 감정, 상담 선생님과의 대화를 적게 했다. 말 그대로 '분노'는 나의 힘이었다. 모든 것을 토해내듯 글을 써서 세상에 공개한 뒤 나는 오랜만에 잠에 들었다. 그 글은 유명해졌다. 사람들은 실시간으로 반응했고 이를 공유하며 퍼 날랐다. 이런 댓글도 달렸다.

'현장에서는 이랬구나.'

'음악을 안 끈 게 아니라 모두 나가서 돕느라 끌 사람이 없었던 거구나.'

'이태원 와이키키 사장님이 이 글 보시고 너무 감사하다고 전해드리고 싶대요. 아르바이트하던 친구들이 이 글 읽고 힘을 냈으면 좋겠다고 하시네요.'

이것은 내 글이 유명해지면서 좋았던 점 중 하나다. 세상 사람이 다 욕해도 한 명쯤은 그들의 노력을 아는 사람이 있음을 알려줄 수 있었던 것. 사회가 버려도 나만은 그들을 버리지 않겠다는 마음을 전할 수 있었던 것. 혹시 내 글이 그들에게 마음의 구명조끼가 되었다면 더 바랄 것이 없었다.

내 글이 널리 퍼지면서 좋았던 점은 또 있었다. 참사 이후 나는 내가 농담을 건넸던 녹색 어머니회 친구들의 생사가 몹시 궁금했다. 그들이 그립기까지 했는데 다행히 그들과 연락이 닿았다. 여섯 명 모두 건강하게 돌아왔다는 것과 그날 저녁 근처 식당에서 밥을 먹고 돌아가던 중 참사를 목격하고 구조 활동을 펼쳤다는 이야기까지 전해 들었다. 생존자이자 구조 인력이던 그들은 나보다 더 가까이에서 현장을 생생하게 목격했다. 이후 트라우마는 물론 죄책감에 힘들어하는 중이라고 했다. 그 상황에서 누가 그렇지 않을 수 있겠는가.

내 글을 읽고 용기를 낸 녹색 어머니회 멤버 중 한 명이

SNS의 새 게시물에 참사 당일 자신의 코스튬 사진과 함께 올린 문장이 기억난다.

'간 것을 숨길 이유도 없고 나는 당당하다.'

세상이 너무 무섭습니다

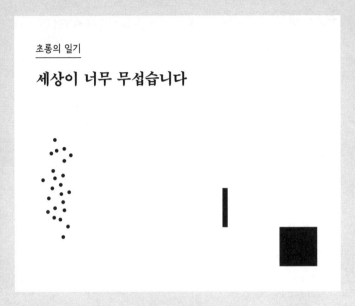

선생님, 어떤 감정이 오늘 힘들게 했냐고 물으셨죠.

오늘 언론에 이태원 현장에서 혼자 목이 쉬어라, 터져라, 사람을 통제한 경찰관 이야기가 나오더라고요.

저는 구출된 후, 참사 현장 근처 새마을회관이라는 술집에서 '안으로 들어와 몸을 피하라'는 말을 들었고 가게 안에 들어가 친구와 쉴 수 있었습니다.

그때 그 경찰관을 저도 보았고, 처음 '압사……로 사람이 죽었다고?'
인지하게 되었습니다.

그런데 언론에 나온 것처럼 그 경찰 분 혼자서만 현장을 통제한 건
아니었습니다. 새마을회관 사장님과 직원들이 모두 가게를 내팽개치고
따라 나가서 통제를 도왔거든요.

그뿐 아니라 저를 처음 대피하게 해준 참사 현장 근처 와이키키 술집
직원들도 문을 열어 저와 다수를 구해주셨고, 이후엔 가게를 뒤로하고
야광봉을 사용해 온몸으로 참사 현장에 새롭게 유입되는 사람들을
막고 통제했습니다.

참사 소식이 알려지자 SNS에서는 참사 현장 근처 술집들이 왜 음악을
안 끄냐고, 도대체 정신이 있는 거냐고 욕을 많이 하더라고요. 음악을
안 끈 것이 아니고, 본능적으로 달려 나가 통제하느라 음악을 끌
사람이 없었던 거였습니다. 현장이 통제된 후, 12시가 넘어서 술집 직원
분들이 잠깐 들어와 음악을 끄셨거든요.

무자비하게 주변 상인들을 욕하는 SNS를 바라보며 무력감을 느꼈고,
화가 났고, 원망스러운 감정이 올라왔습니다.

현장에 있지 않던 당신들이 도대체 무엇을 아냐고, 보이는 것과
전달되는 게 전부는 아니라고 외치고 싶었지만…….

참사 초기, 언론에서는 주변 상인들이 얼마나 도왔는지 아무도
주목하지 않았습니다. 관심도 없는 것 같았고요.

지금 한 이야기를 모 방송사와 시사 라디오 채널에 제보했습니다. 주변
상인들에 관한 이야기를 꼭 다뤄달라고요. 하지만 어디에서도 뉴스에
내보낼 생각은 없어 보였고, 답도 오지 않았습니다.

도대체 언론은 어디에, 무엇에 관심이 있는 걸까요. 내가 사는 이
세상이 너무 무섭고 자꾸 두 눈을 감게 돼요.

> – 화가 나고 원망이 생기는 이유를
> 자세히 이야기해줄 수 있느냐는 질문에 대답한 내용.

진짜 어른을 찾는 아이들

"아무래도 그때 학교를 더 뒤집었어야 했어. 교육청에까지 이의를 제기해서 문제를 더 크게 키웠어야 했어."

내게는 93년생 여동생 Y가 있다. 몇 해 전 Y가 차를 타고 가는 길에 뜬금없이 내뱉은 말이다. 열다섯 살이 되던 해 가을, Y는 학교에서 체육 교사에게 뺨을 여덟 대나 맞고 돌아왔다. 지금이라면 세상이 뒤집힐 일이지만 그때는 그런 일에 둔감하던 시절이었다. 그러나 Y는 둔감하지 않았고 문제를 정확히 인식할 줄 아는 아이였다.

Y에게는 반에 T라는 친구가 있었다. 친구가 많고 외향적이던 Y와 달리 T는 수줍음이 많고 소극적인 아이였다. Y는 늘

그런 T를 염두에 두고 있었다. 체육 수업이 한창이던 어느 날, T와 이름이 같은 체육 교사가 지나가면서 T에게 말했다.

"너, 나랑 이름이 같지? 이름 똑같은 게 창피하다. 왜 사니? 살 안 빼니?"

그 말을 듣고 T가 혼자 우는 것을 발견한 Y는 T에게 자초지종을 듣고는 곧장 체육 교사를 찾아가 선생님이 잘못하신 것 같다고 말했다. 체육 교사는 그 말을 듣고 화를 내더니 운동장 한가운데에 있는 체육 교사 집합소로 Y를 불렀다. 다른 체육 교사들에게 둘러싸인 채 Y는 다시 한번 말해보라는 지시를 받았다.

Y는 그런 일로 기가 죽거나 고개를 숙이는 법이 없는 아이였다. "선생님께서 T에게 잘못하신 것 같습니다"라고 또박또박 말한 뒤 "언어도 폭력이라고 가르치는 곳이 학교인데 선생님이 그렇게 얘기하신 건 잘못됐다고 생각합니다"라는 말을 덧붙였다. Y는 체육 교사에게 싹수없다는 말을 들으며 다른 교사들 앞에서 뺨을 여덟 대 맞았다. 그렇게 맞고도 Y는 그 앞에서 울지 않고 꾹 참았다. 뒤이어 그 체육 교사는 Y를 따로 불러서는 "내 뜻은 그런 게 아니었어. 너무 화가 나서 그랬다. 너도 커보면 알게 될 거야"라고 말했다. 사과는 없었다. Y는 그 사건을 두고두고 가슴에 품고 자신이 어른이 될 때까지 기다

렸다. 그러다 마침내 얘기를 꺼낸 것이었다.

"어른이 되어 생각해봐도 그때 그 선생은 잘못했어. 문제를 더 키워서 그때 뿌리를 뽑았어야 했는데."

나는 열다섯 살 아이가 어른이 될 때까지 기다린 그 마음을 생각해본다. Y는 장장 서른이 될 때까지 15년을 기다렸다. 그 아이가 15년 동안 어른을 이해해보려 노력하고 혹시 자신이 놓친 것은 없는지, 정말로 어른의 세계에는 내가 알지 못하는 것이 있는지 기다린 그 마음을 헤아려본다. 마침내 그 어른이 잘못한 것이었다고 결론을 내렸을 때의 Y의 심정이 어땠을지 모두 알 수는 없지만 Y가 한 이야기는 계속 마음에 남았다.

당시 사건에는 아직 전하지 못한 이야기가 더 있다. Y를 때린 뒤 자기 행동을 정당화하며 달래려 시도한 체육 교사는 그렇게 하면 Y가 그냥 넘어갈 줄 알았겠지만, Y는 그런 아이가 아니었다. 다음 날 엄마는 학교에 찾아가 교사들 앞에서 아이들에게 그러면 안 되는 것 아니냐고 문제를 제기했다. 그리고 친구 T는 Y에게 진심으로 고맙다고 말했다. T의 엄마도 Y를 찾아와 T를 챙겨주고 용기 있게 나서준 것에 고마움을 전했다. 이것이 그 이야기의 아름다운 결말이면 좋으련만 Y의 상처는 다른 곳에 있었다.

뺨을 맞고 온 후, 예정되어 있던 과학 과외 수업에 갔다가

볼이 벌게져서 온 아이를 본 과외 선생님이 Y에게 무슨 일인지 물었다. Y는 선생님에게 사실대로 얘기하며 이 일을 어떻게 처리해야 할지 모르겠다고 토로했다. 그때 과외 선생님은 폭력을 쓴 일이니 당연히 문제를 제기해야 한다고 조언했다. 그 말에 용기를 낸 Y가 그날 밤 엄마와 언니인 내게 내막을 털어놓았다. 안됐지만 Y는 그때 우리 둘에게 '아무리 그래도 선생님에게 그렇게 말하면 안 된다'는 말을 듣고 만다. Y에게는 교사에게 뺨을 여덟 대 맞은 것보다 가족의 반응이 더 충격이었던 모양이다. 그날 저녁 Y는 아파트가 떠나가도록 울었다. 억울하고 분하고 아마 버려진 기분이었을 것이다. 15년이 지난 지금 Y는 내게 말했다.

"그때 내 곁에 '진짜 어른'은 과학 선생님밖에 없었어."

15년이 지나서야 나는 Y에게 사과했다. 그리고 그날 Y의 이야기를 귀담아듣지 않아 정확히 무슨 상황인지 몰랐다고 고백했다. 듣고 싶은 대로 들은 나는 과학 선생님을 '어린아이를 뒤에서 조종해 분란만 일으키고 아무것도 책임지지 않는 경솔한 사람'이라고까지 생각했다. 뺨을 맞았다는 사실도 나중에 알았다. 만약 그 사건의 전후 사정을 정확히 알았다면 다르게 말했을 텐데 그때 대충 대응한 것이 정말 미안했다.

솔직히 말하면 그 시절의 나는 아마 (뺨을 맞았대도) '어른한테 그러면 안 되지'라고 생각했을 가능성이 크다. 나중에 엄마에게 물어보니 엄마도 같은 이유에서 그렇게 말했다고 했다. 과외 선생님은 내 편을 들어주는데 왜 가족인 엄마는 그렇게 말하느냐고 소리 지르며 우는 아이를 보면서 선생님의 행동이 경솔하다고 생각했단다. 또 Y 앞에서 자식이라고 무조건 오냐오냐하는 모습을 보이면 안 될 것 같았다고 고백했다.

엄마의 마음을 이해하지 못하는 건 아니지만 당시 Y에게는 분명 자신을 절대적으로 보호해주는 어른과 가족이 필요했을 것이다. 아이였던 Y가 느낀 고립감과 외로움을 이제 나는 이해한다. 참사 이후 내가 겪은 고립감과 외로움이 Y가 느꼈던 것과 정확히 궤를 같이하기 때문이다. 엄마는 Y 앞에서는 아이 편을 들어주지 않았으나 학교 측에 정확히 항의했고 학교는 한바탕 난리가 났다. 생각보다 큰 문제로 불거진 일을 수습하기 위해 교사들은 고군분투했고, Y는 담임교사에게 이런 말을 들었다.

"너, 똑똑한 애인 줄 알았는데 아니었구나?"

Y는 정말로 똑똑한 아이였다. 공부도 잘하고 놀기도 잘하는 야무지고 똑똑한 아이. 놀 것 다 놀면서 할 일도 정확히 챙기는 아이라 자신이 위험해지는 일이나 손해 볼 상황은 절대 만들지 않았다. 여러모로 야무진 아이였기에 그처럼 용기

를 내 과감하게 문제를 제기할 수 있었다. 그런데 담임교사는 Y에게 왜 저런 말을 했을까. 답은 간단하다. 아이에게 죄책감을 심어주기 위해. 다 너의 탓이라고 말하고 싶어서. 문제를 일으키는 눈앞의 아이가 성가시고 귀찮아서.

이제라도 어린 날의 Y에게 말해주고 싶다. 너는 잘못한 게 없다고. 다 어른들 잘못이라고. 이 나라에 그런 어른들이 살고 있었다고. 어른들이 아이들을 잘못 가르치고 도리어 역정을 내는 그런 시대가 있었다고. 쉽지 않았을 텐데 어린 나이에 그 정도로 용기를 내다니 정말 자랑스럽다고. 그간 많이 외로웠겠다며 어깨를 토닥여주고 싶다.

참사 이후, 나는 제대로 사과하지 않는 어른들을 보면서 외로웠다. 나아가 점점 더 나만 이상한 사람이 되어가는 듯한 기분에 사로잡혔다. 가슴에 시퍼렇게 멍이 드는 것 같았다. 사과받고 싶었다. 나를 대신해 세상을 떠났다고 생각하는 희생자들에게는 사과하고 싶었고, 제대로 인정하고 사과할 줄 모르는 어른들에게는 사과받고 싶었다. 왜 아무도 사과하지 않지? 우리는 이렇게 아픈데. 세상은, 이 시대는, 사과하지 않기 위해 '네가 놀다가 죽은 것'이라며 개인 탓으로 돌리고 있었다. 우리는 학창 시절에도 진짜 어른을 찾았고, 어른이 된 지금도 진짜 어른을 찾고 있다.

사과하고, 사과받고 싶었습니다

선생님, 오늘은 이상하게 억울하고 화나는 감정이 올라오네요. 분명히 새벽까지는 괜찮았는데 어쩔 수 없이 또 돌멩이를 맞아요. 여전히 감정이 제 의지대로 컨트롤되지 않아 너무나 속상합니다. 제가 정말…… 이런 사람이 아니었거든요. 그래서 상담을 뒤로하고, 그냥 마음속으로 편지를 씁니다.

재난과도 같은 고통을 겪으면 사과하고 싶은 마음과 사과받고 싶은 마음이 함께 오는 것 같더라고요. 피해자들에게 충분한 애도를 하며 사과하러 다녀온 후, 저는 책임자들에게 사과받고 싶어졌습니다.

제가 피해자들에게 헌화하고 절을 하며 '잘못했습니다, 미안합니다.
다시는 이러지 않을게요. 더 좋은 사람으로 살아가며 갚겠습니다.
잘못했습니다, 미안합니다'라고 사과했던 것처럼 책임자들이 그렇게
사과해야 한다고 생각했어요.
더 솔직히 말해도 되나요? '유감스럽다'라는 말이 왜 이리도 듣기
싫을까요.
직관적으로 그냥 '잘못했다'고 말했으면 좋겠어요. 죄송하다고
직접적으로 사과했으면 합니다.
선생님, 있잖아요. 정말이지 정치 언어라는 게 따로 정해져 있는
걸까요? 돌려 말하는 것 말고 직접적으로 말하는 것은 국민에게 하면
안 되는 걸까요?

나에게, 아니 우리에게 그냥 잘못했다고, 다시는 안 그러겠다고,
앞으로는 이런 일 없도록 행정 전반을 손보겠다고 납작 엎드려서 싹싹
빌었으면 좋겠어요.

(중략)

침묵으로 일관하면 살아 있는 사람도 죽게 만든다는 걸 정말 그들은
모르나요?
저보다 그들이 훨씬 어른이잖아요…….

도대체 언제 괜찮아져요

정신과 전문의와 대면 치료를 이어가던 어느 날 나는 절규하듯 말했다.

"도대체 언제 괜찮아져요?"

나는 정확한 시점을 말해주길 바랐다. 아니, 대략이라도 좋으니 제발 언제쯤 괜찮아질지 알고 싶었다. 그러면 그날만 바라보며 버틸 수 있을 것 같았다. 당시 내 정신 상태로는 기약 없는 날을 희망하며 버티는 건 도저히 불가능한 일로 보였다. 내게는 목표 지점이 필요했다.

내 정신과 전문의는 냉철했고 헛된 말을 하지 않는 사람이었다. 당연히 내가 원하는 대답은 해주지 않았다. 그 대신 단호하고 분명하게 말했다. 과각성 상태와 신체 반응으로 나오는 트라우마 증상과 별개로 이 참사를 다 인지하고 나서 찾아오는 아픔이 있을 수 있다는 것이었다. 참사 이후 내게 벌어진 일을 정확히 인지하는 데만도 6개월에서 1년까지 걸릴 수 있다고 했다. 또 인지 이후 찾아오는 감정은 (우울증 같은) 정신적으로 매우 슬픈 과정일 수 있다고도 했다. 그래서 인지 이후의 슬픔이 찾아오기 전에 트라우마를 먼저 치료해야 한다는 말을 덧붙였다. 정신과 전문의는 눈을 동그랗게 뜨고 이런 말을 덧붙였다.

"트라우마는 초기 3개월이 중요해요. 우리 목표는 3개월간 트라우마를 잘 치료해서 트라우마 증상으로부터 회복되는 거예요."

참사는 이미 벌어진 일이고 되돌릴 수 없으며 그에 따른 고통은 당연히 생길 수밖에 없다고 콕 짚어 말해주는 의사. 그래도 트라우마는 극복할 수 있으니 골든타임을 놓치지 않고 집중해서 치료해 없애보자고 하는 의사. 그는 그런 의사였다. 나는 그를 신뢰했다. 빨리 괜찮아지고 싶어서 아등바등하는 내게 그는 손짓과 몸짓을 섞어가며 트라우마의 속성을 설명해주었다. 인생을 일직선 도로라고 가정했을 때 도로 위에서 이런저런 일이 벌어지는데, 그중 감당할 수 없을 만큼 큰 사건이 트라우마로 이어지기도 한다는 얘기였다.

"예상치 않게 사고를 당할 수도 있고, 내가 사고를 낼 수도 있고, 갑자기 길에 쓰러진 사람을 발견할 수도 있고, 빗길에 넘어질 수도 있어요. 의도했든 아니든 이 모든 것은 이미 '벌어진 일'이라 없었던 것으로 할 수는 없어요. 그런데 인생은 일직선 도로라 우리는 계속해서 앞으로 가야 하잖아요. 이때 이미 벌어진 일은 툭 튀어나온 채 방치하는 게 아니라 어떻게든 내 인생 도로에 통합해서 잘 데리고 가야 해요. 그런 사건을 인생에 통합하지 않고 튀어나온 그대로 방치하면 아픔이 지속될 수 있어요. 통합하려면 우선 '인정'해야 해요. 초롱 씨는 지금 인정하지 않아서 그래요, 내게 벌어진 일을. 내가 아픈 이유를……."

실제로 그랬다. 의식적이든 무의식적이든 나는 괜찮다고 생각했다. 이렇게 평범하고 멀쩡한 내가 참사를 당할 리 없다고 생각했고, 몸을 다치지도 않았고 사랑하는 사람을 잃은 것도 아니라서 내가 겪은 일을 참사로 인정하지 않았다. 나는 참사 생존자도 아닌데 왜 이렇게까지 힘든 것인지 이해가 가지 않았다. 이해하고 싶었다, 모든 것을. 내게는 이해가 중요했다. 상담을 몇 개월 받고 나서야 알았지만 내 인생을 관통하는 중요한 가치는 '이해'였다. 나는 이해하지 못해서 아프고 힘들었고 또 이해받지 못해서 아프고 힘들었다. 인정받는 것은 하나도 중요하지 않았지만 이해받지 못하면 살아갈 이유가 사라진 것처럼 슬펐다. 그래서인지 나는 타인을, 상황을, 사건을 이해하지 못해 오래도록 앓았다. 사실은 나 자신과 싸우느라 힘들었던 것이다.

냉정하고 시크해서 쓸데없는 말은 거의 하지 않는 정신과 전문의가 자기 이야기를 꺼낸 것은 그때였다. 그는 자신도 그랬노라고 털어놓았다. 자신에게도 비슷한 경험이 있다는 것이었다. 열심히 공부해서 의대에 진학했을 때, 그는 마치 세상이 다 자기 것 같았고 동기들과 어울리며 신나게 학교에 다녔다고 했다. 때로 선배에게 얼차려를 받기도 했으나 대수롭지 않게 생각했다. 그리고 후배들이 입학했고, 어느 뙤약볕이 강하던 날 자신이 받은 것처럼 얼차려를 받던 후배 하나가 쓰러졌고 다시는 돌아오지 못했다. 키도 덩치도 매우 컸기에 누구도 그 친구가 힘들 것이라고 생각하지 못했다. 그 자리에서 직접 얼차려를 시킨 사람이 아니었음에도, 그는 자신을 원망했다. 왜 살피지 못했지? 사람이 죽어가는 순간 나는 대체 뭘 하고 있었지? 그렇게 자신을 탓하다가 동기들과 그 후배의 기일에 맞춰 인사하러 갔을 때, 우연히 후배 어머니와 마주쳤다. 자신들을 후배의 동기인 줄 아시고 찾아와주어 고맙다며 반가이 인사하던 어머니께, 차마 선배라는 말을 하지 못했다. 무척이나 죄스럽고 괴로워 그날 이후, 기일을 피해서 인사를 가게 되었다.

동기들에게 이제는 그만 인사하러 가지 않아도 되지 않느냐는 말을 듣게 된, 그의 나이는 어느덧 40대 중반이었다. 의사 선생님은 더는 힘들지 않다고 했다. 인사하러 가지 않는 동기들에게 서운하지도 않고, 배신감도 들지 않는다고 했다. 그저 그럴 수 있다고, 사람마다 다른 것이라고, 그래도 나만은 그러지 말자고 생각한다고 덧붙였다. 그는 일 년에 한 번, 후배의 기일을 챙기는 것으로 자기 인생의 일직선 도로에서 벌어진 예기치 못한 사건을 분리하나 거부하지 않고 받아들여 통합했다. 지울 수 없으니 잘 데리고 살기로 한 것이다.

아이러니하게도 나는 그가 아픔을 겪어본 의사라서 좋았다. 아파본 사람이라야 아픈 사람을 알아볼 수 있다고 생각해서다. 그는 말하지 않아도 어떤 아픔인 줄 아는, 내가 길게 설명하지 않아도 나를 자세히 들여다볼 줄 아는, 건조하지만 깊고 따스한 의사였다.

그는 여러모로 나를 울렸다. 혹시 스스로 위험한 행동을 하고 싶은 충동을 느끼느냐고 직접적으로 물어봤는데, 이것 역시 건조하게 물었다. 건조하게 물었기에 나도 건조하게 대답했다. 그런 적 없다고. 그가 기다렸다는 듯 나지막하게 "아, 감사하다!"라고 외쳤을 때 덤덤한 척하긴 했어도 사실은 그가 긴장하고 있었다는 걸 느꼈다. 안도감에 외마디 외침이 나온 것임을 알 수 있었다.

그에게 물었다. 지금은 괜찮으시냐고. 그는 말없이 웃었다. 그냥 차분히 오늘 처방하는 약을 설명할 뿐이었다. 그러고는 이렇게 읊조렸다.

"트라우마라는 것엔 자꾸만 과거로 돌아가게 하는 습성이 있어요. 초롱 씨가 이상한 게 아니라 원래 트라우마로 힘들어하는 모든 사람이 겪는 일이에요. 그러니 스스로를 이상하다고 생각하지 않았으면 합니다."

그의 말은 내게 도움을 주었다. '내가 이상한 게 아니다. 내 반응은 힘들 때 나오는 자연스러운 것이다.' 그런데 문득 그가 이 말을 내게만 들려준 것은 아닐 거라는 생각이 들었다.

판도라의 상자가 열렸다

참사 후 한 달쯤 지났을 때, 정신과 진료와 별개로 심리 상담 전문가에게 대면 상담 치료를 받기 시작했다.

익명 게시판에 올린 글은 어느 일간지 기자의 눈에 띄면서 정식 연재로 이어졌다. 일간지 연재 글이 더 많이 알려지고 각종 언론과 뉴스 인터뷰 등을 요청받으면서 전화 상담 주체인 한국심리학회도 좋은 자극을 받은 듯했다. 그들은 심리 지원 범위를 전화 상담에서 대면 상담으로까지 확대했고 지원 대상을 모집하는 공고도 올렸다. 전화 상담과 정신과 진료를 받을 때마다 하루가 다르게 나아지는 것을 느낀 나는 곧바로 대면 상담을 신청했다. 그렇게 한국심리학회의 대면 상담을 시작하면서 나는 힘들 때마다 하던 전화 상담을 자연스럽게 종료했다.

대면 상담과 함께 나는 공덕동의 따스한 봄날 같은 선생님을 만났다. 두 눈에서 사랑이 뚝뚝 떨어지는 분이었다. 그분의 따뜻한 온기 덕에 나는 겨울에서 초여름까지 그분에게 온전히 기대 숨을 쉴 수 있었다. 그런데 그때 내게는 그분에게도 쉽사리 꺼내놓지 못한 '나만의 이야기'가 있었다.

그 무렵 나는 내 잘못이 아니라는 사람들의 이야기를 곧이곧대로 받아들이지 못하고 있었다. 그쯤이면 조금이라도 마음을 열고 받아들일 만도 한데 나는 완강했다. 굳게 닫혀버린 내 마음은 스스로를 지나치리만큼 심하게 죄인으로 몰아붙였다. 그럴만한 이유가 있었다. 이제는 내 마음 저 깊은 곳에 꽁꽁 닫아둔 판도라의 상자를 열어야 했다.

"그러니까, 그게, 저는 저 자신을 잘 받아들이지 못하겠어요."

그분은 내게 무슨 특별한 이유라도 있느냐고 물었다. 그 상담 선생님은 내가 왜 그렇게까지 스스로를 거부하고 받아들이지 못하는지에 처음 집중한 분이었다. 나를 받아들이는 것이 치료의 출발점일 텐데 나는 그 출발점에조차 서지 못했다. 내 안에 있는 판도라의 상자가 자꾸만 나를 잡아당겼기 때문이다.

　나는 드디어 터질 게 터진 것이라고 생각하고 있었다. 속으로 '그러면 그렇지. 언젠가 이 사달이 날 줄 알았지. 그때 네가 사람을 죽여 놓고 어디 잘 살 줄 알았냐!'라고 나 자신에게 악담을 해댔다. 드디어 벌을 받는구나. 그렇게 꽁꽁 싸맸는데 기어코 풀렸구나.

　"저는, 언젠가 이런 일이 벌어질 줄 알았어요. 저는 이런 일을 당해도 싼 애예요."

<u>2</u>

눈빛

내게는 절대 잊을 수 없는 눈빛이 있다. 중학교 3학년 때 나는 반장이 되었다. 그때는 성적이 반에서 4등 안에 들지 않으면 반장을 할 수 없는 이상한 규칙이 있었지만, 놀기 좋아하고 까부는 성격 덕분에 친구들을 종종 웃겨주어서인지 친구들은 나를 반장으로 만들어주었다.

학창 시절 나는 인기가 많았다. 이성 친구보다는 또래 여자 친구들에게 인기가 있는 편이었다. 성적이 4등 안에 들지 않았던 나는 친구들의 강력한 추천으로 선거에 나갔고, 순전히 친구들의 사랑으로 반장이 되는 이변을 일으켰다. A는 그때 가장 큰 목소리로 열렬히 지지해주고 손을 들어 선생님께 "후

보 추천은 민주적으로 하고 싶습니다"라고 말해준 친구였다.

A는 웃긴 친구였다. 친구들과 잘 어울렸고, 밝았다. 그리고 무엇보다 착했다. 만약 친구가 실내화를 가져오지 않으면 자기 실내화를 나눠 신자고 했다. 그러고는 나머지 발에 검은 봉지를 씌워 직접 매듭을 묶어주며 "우리 커플템이네" 하고 기꺼이 우스꽝스러운 모습을 연출하며 외롭지 않게 해주었다. 그런 아이가 딱 한 번 '어긋난 욕심'을 부린 날이 있었다.

기말고사 첫날, 미용 쪽을 준비하던 같은 반 친구 B가 나를 찾아왔다. B는 우리 반에서 유일한 예체능계 학생이었다. A와 B는 단짝 친구였는데 B가 조심스럽게 A 이야기를 꺼냈다. A가 자신의 수행평가 학습지를 몰래 가져간 것 같다는 얘기였다. 당시 수행평가는 성실성을 확인하는 척도였고 한 학기 내내 선생님이 주신 출력물을 하나도 빠짐없이 모아 제출하면 10점 만점을 받을 수 있었다. 미용 전문 고등학교 진학을 준비하던 B는 공부에는 흥미가 없었지만 성실한 편이었다.

"나는 공부를 포기했기 때문에 그거라도 잘 모아놨단 말이야. 분명히 내 서랍에 있었어. 그런데 A가 가져간 것 같아."

내가 당황하는 표정을 짓자 B는 입을 삐죽 내밀며 말했다.

"나, 공부에 관심 없는 거 맞는데 그래도 수행평가 점수는 만점 받고 싶었거든. 내 거잖아. 공부 안 한다고 점수 막 0점

받아도 되는 건 아니잖아."

　B는 A가 평소 학업 스트레스를 심하게 받았다는 걸 알기에 이해는 한다고 했다. 자신은 미용 쪽을 준비하니까 성적에 연연하지 않겠거니 하고 A가 좋은 성적을 받고 싶은 마음에 출력물쯤은 가져가도 되지 않을까 여긴 것 같다는 말이었다. 그래도 그것은 내 것이니 돌려받고 싶다며 B는 내게 도움을 요청했다. 자신이 직접 A에게 말하긴 하겠지만 돌려주지 않으면 반장인 내가 나서서 돌려받게 도와달라는 것이었다. 나는 우선 알겠다고 대답했다. 그날 시험이 끝나고 종례를 마친 뒤, 나는 시험이 모두 끝나는 모레까지 수행평가를 위한 출력물을 제출해달라고 반 아이들에게 안내했다.

　기말고사 둘째 날, 첫 번째 과목은 국어였는데 나는 A가 아주 열심히 시험을 준비했다는 걸 알고 있었다. 그런데 내 대각선 앞자리에 앉아 시험을 보던 A는 웬일인지 시험 시간이 15분도 채 지나지 않는데 한숨을 푹 쉬더니 책상에 엎드려버렸다. 안타까웠다.

　그리고 그날 기어코 일이 터졌다. 시험이 모두 끝난 뒤 저 멀리서 A와 B가 언성을 높여가며 이야기하는 모습이 보였다. 나는 모두가 집에 가기를 기다렸다가 복도에서 신발주머니를 챙기던 A에게 다가갔다. 내가 먼저 입을 뗐다.

"출력물 그냥 다시 B의 사물함에 가져다 놓으면 선생님께 알리지 않고 조용히 넘어갈 수 있을 거야. 만약 가져다 놓지 않으면 B도 선생님께 말씀드리려는 것 같아."

갑자기 A가 소리쳤다.

"내가 뭘 그렇게 잘못했어. 어차피 걔는 공부 안 하는 애잖아. 내가 그것 좀 가져다 쓰면 뭐가 어때서! 나, 인문계 꼭 가야 해. 가고 싶단 말이야. 걔는 어차피 미용고 가잖아. 정해져 있잖아. 나는 할 줄 아는 것도 없다고."

A는 말도 안 되는 이야기를 늘어놓았다. 나는 어이가 없었다.

"지금 뭐라는 거야? 예체능 준비하는 친구 접수는 훔쳐도 된다는 거야? 너만 중요하고 다른 사람은 안 중요해? 네가 하는 말이 지금 얼마나 이기적인지 알아? 당장 출력물 가져다 놔. 안 그러면 담임선생님께 말씀드릴 거야."

그날, 내가 그 아이 앞에서 말했던 말들이었다. 그리고 기억한다. 아무 말 없이 뒤돌아 터벅터벅 복도를 걸어가는 A의 뒷모습을. 여름이라 푸른색 하복을 입었고 가방 한쪽 끈이 어깨 밑으로 떨어져 달랑거리는데도 개의치 않고 축 처진 채 걷던 뒷모습을. 마음이 불편했지만 별 생각 없이, 그대로 집으로 향했다. 초저녁 무렵, 휴대전화가 요란하게 울렸다.

"응, 초롱아. 나, 학년주임인데 뭐 좀 물어볼 게 있어서……."

담임도 아니고 학년주임 선생님이라니? 의아해할 새도 없이 선생님은 대뜸 내게 A의 행방을 아느냐고 물었다. 모르겠다고 대답했다. 그리고 "집으로 간 게 아닐까요?"라고 덧붙였다. 선생님은 내게 A가 집으로 가는 것을 보았는지, 혹시 A와 무슨 일이 있었는지 물었다.

나는 작은 다툼이 있었고 그대로 각자 집으로 갔다고 말했다. 그런데 선생님은 A가 특별히 어딜 간다고 말하거나 이상해 보이는 점은 없었느냐며 이해할 수 없는 질문을 했다. "그냥 시험 스트레스가 커 보였어요"라고 대답했다. "그래, 알았다. 시험 준비 잘 하고." 통화는 그렇게 끝났다.

다음 날은 기말고사 마지막 날이었다. 그날 아침, 나는 A가 학교에 오지 않았다는 소식과 함께 그 아이가 우리 곁을 영원히 떠났다는 사실을 전해 들었다. 나는 주저앉았고 출력물의 주인이던 A의 단짝 친구 B 역시 소리를 지르며 통곡했다. 이내 A의 책상 위에 꽃이 놓였고 반 분위기가 어수선해졌다.

나는 A와 마지막으로 대화를 나눈 사람이었다. 하필이면 그 마지막 대화가 모진 말이었다. 따스하지 않았던 그 대화가 20년 가까이 내 가슴을 저미게 할 줄은 정말 몰랐다. 여전히 그날 그 장면이 또렷하게 떠오른다. A의 눈빛도 아직 선명하게 뇌리에 박혀 있다. 큰 소리로 토하듯 말을 쏟아내던 A는 이내 조용해지더니 큰 눈에서 눈물을 뚝뚝 흘렸다. 지금 생각해 보면 억울해서 흘린 눈물이 아니었다. 이제 모든 게 끝났다는 포기의 눈물이었다. 그걸 너무 늦게 깨달았다. 당시 나는 가당 찮게도 그 모습을 자기 잘못을 인정하는 것으로 받아들였다. 그만큼 내가 말을 잘했다고 착각했다. 나는 모든 이가 좋아하는 사람이니까, 내가 하는 말은 다 옳으니까. 그 자만의 대가가 너무 컸다. 기적이라는 게 내게 찾아온다면, A를 다시 한번 만나고 싶다. 정말 하고 싶었지만 할 수 없었던 '미안하다'는 말을 꼭 전하고 싶다. 절대로 가닿지 않을 사과를 지금껏, 품는다.

처음이자 마지막 애도

사건이 있기 전날, A는 기말고사 첫 시험을 마치고 집으로 돌아가 엄마 품에서 펑펑 울며 살고 싶지 않다는 말을 했다고 했다. 공부를 잘하고 싶고, 수업을 이해하고 싶고, 시험을 멋지게 잘 보고 싶은데 그게 잘 안된다며 괴로워했다고 했다. 이번에는 정말 열심히 공부했다고도 했다. 친구들이 많이 도와줬고 시험에 나올 것을 예상해가며 열심히 공부했기 때문에 이번만큼은 자신이 있었다고. 그런데 막상 시험지를 받자 까막눈이 되더니 아무것도 못 알아보겠고, 문제도 읽히지 않고, 답은 더더욱 고를 수 없었다고 했다. 나는 정말 안 되는 애 같다며 엄마를 붙잡고 오래도록 울었다고 했다. 엄마는 A에게

"공부 못 해도 괜찮아. 시험 못 봐도 돼. 인문계 고등학교에 가지 않아도 돼. 정말이야. 그게 행복의 전부는 아니야"라며 달랬지만, 심한 학업 스트레스에 시달리던 A의 마음은 하염없이 무너졌던 것 같다. A가 중학교 졸업을 앞두고 고등학교 진학 문제로 고민하고 있다는 것은 알았지만 그 정도인 줄은 몰랐다. 내 생각보다 훨씬 크게 압박감을 느꼈다는 걸 그때 처음 알았다.

나는 A와 함께 열심히 시험공부를 한 친구 중 하나였다. 나를 반장으로 만들어준 아이, 사랑이 넘치는 그 아이에게 나도 받은 만큼 사랑을 주고 싶었다. 졸업하기 전 우리는 좋은 추억을 쌓는 데 몰두했고 그해 5월 체육대회에서 A와 나는 최고 응원상, 최고 콘셉트상 등 모든 팀워크 상을 휩쓸었다. 초임 담임이던 선생님도 아이처럼 함께 기뻐하며 기특해했다.

수업 시간에 선생님이 "이건 시험에 나온다"라고 힌트를 주면 나는 그걸 모조리 메모해 A와 공유했다. 열심히 했으니 이번엔 A가 정말로 자신감이 붙어 좋은 결과를 낼 거라 기대했다. 그런데 내가 전혀 알지 못하는 세계에서 조바심과 불안의 나날을 보내던 A는 딱 한 번, 지푸라기라도 잡는 심정으로 어긋난 욕심을 냈다. 하필이면 그 욕심을 지적하고 나무란 사람은 바로 나였다.

펑펑 울고 있는 나를 일으켜 세운 사람은 담임선생님이었다. 그때 선생님 나이가 스물여덟이었으니 지금 생각하면 아득할 정도로 젊고 어렸다. 선생님은 내 두 팔을 잡고 일으켜 세웠다. 그리고 반장으로서 반 분위기를 다잡는 데 힘쓰라고 했다. 슬퍼하는 분위기를 추스르고 아이들이 오늘 시험을 잘 치르도록 의젓한 모습을 보이라는 주문이었다. 그 뒤로 나는 울 수 없었다. 시험을 보는 동안에도, 시험을 끝내고 학기를 마칠 때도, 2학기를 시작하고 졸업하는 그날까지도 나는 울지 않았다.

친구가 죽었다는 소식을 들었어도 아이들은 기말고사를 잘 치러야 한다는 압박 속에서 저마다 시험에 집중했다. 그 큰 사건은 아이들의 성적에 크게 영향을 미치지 않은 듯했다. 공부를 잘하던 아이들은 원래대로 시험을 잘 치렀고, 공부에 관심이 없는 친구들은 그들대로 시험을 잘 마무리했다. 그렇게 아무런 언급도 없이 그 사건은 지나가고 있었다. 조용해지길 바라는 어른들의 바람대로.

내가 A의 장례식장을 알려달라고 요청했으나 아무도 알려주지 않았다. 아예 장례를 치르지 않았다고 했다. 그냥 화장해서 물가에 뿌렸다고 했다. 유골을 뿌린 곳만이라도 알려달라고 애원했으나 받아들여지지 않았고 나는 끝내 A를 애도

할 수 없었다. 결국 내가 A와 보낸 마지막 순간은 복도에서 매몰차게 몰아붙이던 기억으로 남게 되었다. 마치 A와 영원히 작별하지 못한 느낌이었다. 나는 사과하지 못했고 목 놓아 울지도 못했다. 그저 갑자기 친구가 어딘가로 증발해버린 기분이었다. 갈 곳이 없어 A가 살던 아파트를 자주 찾았다. 그 애가 떨어진 곳을 그냥 하염없이 쳐다봤다. 가족에게는 말하지 않았다. 지금도 내 가족은 이 사실을 알지 못한다. 졸업하는 날, 담임선생님은 그곳을 떠나 고향으로 전근을 간다고 했다. 결혼해서 가는 거라고 했지만 믿을 수 없었다. 선생님이 남긴 마지막 말 때문이었다.

"다시는 보지 말자. 잊고 살자, 우리. 나도 잊을 테니 너도 잊어라. 그게 각자 인생을 위해 좋은 일일 거다."

그 후로 나는 오랜 시간 그 일을 잊고 지냈다. 마음이 아픈 줄도 몰랐다. 잊으라기에 그저 잊어야 하는 줄 알았다. 힘들 때면 다른 선생님의 말씀을 떠올렸다. '자기 반 학생을 먼저 떠나보낸 선생님은 평생 그 애를 가슴에 묻고 함께 한다'는 말. 담임선생님도 힘들어서 그러셨을 거라고 이해해보려 노력했다. 다만 중학교 졸업 전날, 나는 학급 친구 모두에게 일일이 손 편지를 썼다. 무슨 내용인지는 자세히 기억나지 않는다. 밤을 새워 정성껏 한 명 한 명의 이름을 꾹꾹 눌러 쓰며 글을 쓴 기억만 남아 있다. 아마도 나는 A를 향한 미안함과 죄책감이 쌓여 있었던 것 같다. A에게 미처 전하지 못한 마음을 대신 누구에게라도 전해주고 싶었던 것 같다. 졸업식 날, 편지를 나누어준 뒤 단상에 올라 마지막 이야기를 하는데 눈물이 났다. 순식간에 울음바다가 되었다. 나도, 친구들도 모두 A 이야기를 하지 않았지만 우리는 모두 눈으로, 마음으로 알고 있었다. 아무것도 하지 못하게 해서 할 수 없었던 애도를 처음이자 마지막으로 하는 시간이었음을.

그날 이후 딱 10년이 지난 스물다섯 살 무렵, 나는 중학교 동창 모임에서 친구들이 아무도 A의 이름을 기억하지 못한다는 사실에 충격을 받았다. 세상에는 반드시 기억해야 하는 일들이 있다. 어떻게 잊을 수가 있지? 하지만 그때 알았다, 지우면 정말로 지워진다는 것을. 당시 나는 '그래, 모두가 잊어도 나만은 잊지 말아야지' 하는 마음을 먹었고 A를 복기했다. 그렇게 갑자기 10년 만에 트라우마가 시작됐다. 제대로 애도하지 않으면 긴 시간이 흐른 뒤에도 트라우마가 발현한다. 그 경험으로 나는 스물다섯부터 서른이 되는 해까지 매우 힘든 시간을 보냈다. 여전히 기말고사 기간인 초여름이 시작되면 몸이 먼저 아파온다. 나는 그렇게 트라우마는 제대로 애도하고 초기에 치료해야 나중에 힘든 일이 생기지 않는다는 걸 몸으로 경험했다. 이는 내가 참사 초반에 치료 의지를 보이는 데 중요한 계기로 작용하기도 했다. 애도는, 이렇게나 중요하다.

당신은 신이 아니다

같은 참사를 겪고도 빠르게 회복하는 사람이 있다. 나는 그들이 부러웠다. 왜 나는 저렇지 않지? 왜 나만 자꾸 제자리걸음이지? 아니, 오히려 왜 자꾸 뒤로 가는 거지? 나는 몸도 다치지 않았고 공식적인 사상자에 들지도 않는다. 그러니까 누가 봐도 이렇게까지 아플 이유가 없는 사람이다. 이상하지 않은가. 확실히 나는 다른 누구보다 참사를 더 깊고, 무겁고, 슬프게 받아들이고 있었다.

가슴 깊은 곳에서 나는 하늘이 노해 내게 벌을 내리는 모양이라고 생각했다. 그때나 지금이나, 사람이 죽어가는 것을 알아채지 못할 만큼 둔했다는 사실이 나를 견딜 수 없게 했다. 스스로가 너무도 원망스러웠다. 왜 그렇게 일이 발생하고 나서야 사안의 심각성을 알아채는 건지, 왜 그렇게 예민하지 못하고 무감각한 건지…… 자꾸만 후회가 밀려왔다.

나는 A 사건과 이태원 참사가 닮았다고 생각했다. 심지어 A 사건이 확장된 형태로 내게 찾아온 것이라고 여겼다. 이 모든 이야기를 들은 공덕동 상담 선생님은 참사 이후 A를 향한 중학교 시절의 죄책감과 미안함이 다시 발현한 듯 보인다고 말했다. 트라우마는 과거에 트라우마를 일으킨 다른 사건을 다시 불러오기도 하는데, A 사건에서 억눌려 있던 죄책감이 감당할 수 없는 참사와 연결돼 부정적 감정을 배가하고 있다는 얘기였다.

끝난 줄 알았던 내 이야기가 여전히 진행 중이었음을 알고 나는 극심한 무기력증에 빠졌다. 사실 나는 내게 나만의 무기가 있다고 생각했었다. 나에게는 아무리 힘든 일을 겪어도 이를 극복하고 견뎌낼 힘이 있다고 믿었다. 타고난 기질이 긍정적인 것도 한몫했지만, 운동이나 책 읽기, 영화보기나 기타 연주하기 등 다양한 방법으로 고통을 해결해왔다고 생각했다. 나는 어느새 '이겨내지 못할 고통은 없다'고 스스로에 대해 확신까지 하고 있던 상태였다.

그러나 실은, 그렇지 않았다. 무엇보다 이전 트라우마를 극복하는 데 사용했던 나만의 방법이 모조리 통하지 않았다. 운동도 할 수 없었고 글을 읽을 수도 없었다. 집중력이 떨어져 마치 난독증에라도 걸린 것처럼 단 1분도 글자를 읽을 수 없었다. 영화를 틀어놓고도 쉴 새 없이 딴짓을 했다. 한때 기타를 치며 고통을 날려버렸던 기억을 되살려 기타도 잡아봤지만 소용없었다. 그냥 아무것도 할 수 없는, 그 무엇도 통하지 않는 먹통 인간이 되어버린 기분이었다. 매일매일 참사 당일로 돌아가 무작정 후회하면서 나를 원망하고 미워하는 일 말고는 할 수 있는 게 없었다. 그동안 내가 이겨낸 방법으로 다시 일어설 수 없다면 희망은 제로라고 생각했다. 아, 다 끝났구나. 내 인생은 끝났어. 난 이렇게 망가지는 거야. 낮게 가라앉은 내 감정은 수면 아래의 바위 같았으나 사실은 고스란히 표출되고 있었다.

"선생님, 지금껏 제 나름대로 트라우마를 이겨냈다고 생각했는데 그게 아닌 거네요. 그동안 보내온 극복의 시간은 다 어디로 갔죠? 저는 그동안 뭘 한 거예요? 신기루 같아요. 다 없어졌어요. 헛일 했나 봐요, 그동안."

상담 선생님은 다정하고 조용한 목소리로 말했다.

"어디 있긴, 다 초롱 씨 마음속에 있어요. 모두 없어지지 않았어요. 초롱 씨의 인생과 역사 속에 다 있어요. 지금 이렇게 아프고 아무것도 하지 못하겠다는 생각이 드는 건 그때보다 더 큰 고통이 찾아왔기 때문이에요. 이제 그만 받아들이세요. 내게 어마어마한 고통이 찾아왔다는 걸. 내 탓은 그만하고요. 초롱 씨는 신이 아니에요."

상담 선생님은 내가 겪은 참사는 엄청난 사회적 재난이라고 분명히 말해주었다. 개인의 힘으로 이겨내기 벅찰 정도의 사건이라는 점을 인정하고 엄청난 자기 확신을 좀 내려놓을 수는 없겠느냐는 말도 덧붙였다. 상담 선생님은 나를 '자신이 강하다고 믿는 사람'으로 평가했다. 사회적 책임감과 자신감이 강한 사람. 책임감이 강해 맡은 역할에 충실한 사람. 그렇기에 정의롭다는 평가를 받고 높은 성취를 이뤄 자신과 타인의 만족까지 끌어내려는 사람. 나아가 내 생각과 달리 내가 이타적인 사람이라고 했다. 이기적이고 둔한 사람이 아니라서 자기 것을 챙기기보다 남을 이롭게 하는 데 조금 더 신경 쓰기에 이처럼 아프고 힘든 것이라는 얘기였다. 내가 개인이 어떻게 할 수 없는 상황에 극도의 책임감을 느끼는 이유, 살아남은 것조차 후회하며 자신을 이기적인 사람으로 몰아붙이는 이유가 여기에 있다는 것이었다. 덧붙여 내게 어린 시절의 트라우마를 자기 나름대로 건강하게 이겨낸 경험이 있기에 자기 능력을 믿고 확신한다고 했다. 이태원 참사도 시간이 지나면 어떻게든 스스로 극복할 수 있으리라 믿었을 것이라고.

실제로 그랬다. 이는 어찌 보면 내 오만이었다. 내 내면의 강한 자신감과 자기 확신이 내 발목을 잡고 있었다. 나는 어떻게든 극복해야겠다고 생각했고 그렇게 할 수 있을 거라고 믿었다. 그러나 실패했다. 당혹스러웠고 좌절감이 밀려왔다. 그렇게 악순환이 시작됐다. 풀이 죽은 내가 한숨을 쉬며 말했다.

"자기 확신에 안 좋은 면도 있네요."

"그거 아니에요. 해결하려 하지 마세요. 초롱 씨가 지금 하고 있는 그 모든 것을 사람들은 '애쓴다'고 표현해요. 그만 애써요. 그냥 고통을 좀 차분히 바라볼 필요도 있는 거예요."

"애쓰는 거 말고 그냥 고통을 차분히 바라보는 게 뭔지 모르겠어요."

"지금, 이렇게 고통을 가만히 들여다보자고요. 내가 이랬구나, 내게 이런 면이 있었구나, 이 고통은 내가 지금까지 마주한 종류와는 정말 차원이 다른 거구나 하고요."

상담 선생님은 상담 시간에 대화를 나누는 것도 고통을 가만히, 조용히 지켜보는 행동 중 하나라고 했다. 뭐든 별다른 건 없단다. 너무 의미를 부여하려 하지 말고 그저 담백하게 하던 대로 시간을 보내자고 했다. 그리고 가슴이 답답할 때마다 상담 선생님을 찾아오라고 했다. 그렇게 내게는 힘들 때 편하게 찾아갈 곳이 생겼다. 그것은 그 자체로 내 삶에 커다란 버팀목이 되어주었다.

초롱의 일기

이제 그만 인정해주세요

(상담 선생님) 우리 오늘은 '혼란스러움'에 관해 이야기해볼까요? 여러 가지 의미가 있겠지만 지금 슬프고 화가 나고 미안하고 우울했다가 불안하고 깜짝 놀라서 깨고, 이런 감정 상태라고 하셨어요. 이런 것들이 '혼란스럽다'고 느껴지세요?

(나) 아니요, 저는…… 저는 사실 강한 사람이에요. 근거 없이 강한 사람이라는 것이 아니에요. 나이가 많진 않지만 살면서 겪은 커다란 위기를 잘 넘겨 왔다고 생각하거든요.

크고 작은 인생의 난관에 부딪혔을 때, 저만의 극복법으로 혼자서 잘 해결하는 편이었어요.

운동을 했고, 글을 썼고, 등산을 갔어요.

일상이 무너지지 않게 루틴을 지키고자 노력했고요.

영화를 봤고, 시나리오를 쓰고, 전국의 페스티벌을 다녔고, 음악을 즐겼고, 클럽을 갔고요.

사는 게 퍽퍽하고 외로울 때는 일부러 짝사랑하는 남자를 만들어 그 남자 한 번 더 구경하러 간다는 마음으로 오늘만 살자.

그 남자한테 오늘은 초콜릿을 건네 봐야지 하며, 그렇게 하루하루 살다 보면 나를 놓치지 않고 살 수 있다는 걸 누구보다 잘 알고 있는 사람이었어요.

게다가 '이것은 내 잘못, 저것은 저 사람 잘못'으로 분리도 잘 하며 성숙하게 판단하는 사람이었어요.

속상하지만 객관적으로 힘든 상황을 가릴 줄 알았습니다.

그런데 이번은 달랐습니다.

참사 이후 집으로 돌아오자마자 뉴스를 보는데 속이 메스껍고 두통이 시작되더니 구토할 것 같은 증상이 일었어요.

그다음 날은 이런 증상을 이겨보려 운동을 갔지만 발이 땅에 닿는 것조차 어려웠어요.

무섭더라고요, 바깥이.

운동이 되지 않아요, 선생님.

이게 저에게 얼마나 큰 두려움이고 무서움인지, 아실까요?

아무것도 통제가 되지 않고 마음대로 되는 것이 없는 게, 저에게

얼마나 좌절감을 안기고 저를 나락으로 떨어지게 하는지 공감하실 수

있겠어요?

선생님, 저도 제가 왜 이러는지 모르겠어요.

저는 정말 강한 사람이었어요.

잠을 자지 못하고 심장이 빨리 뛰고 밥이 입에 들어가지 않는 현상은

그렇게 놀랍지 않아요.

힘들면 찾아오는 증상이었으니까요.

상담 선생님 대견해요. 잘 살아오셨어요. 자기 확신이 있는 사람,

자아가 강한 사람이에요. 그런데 자아가 강할수록 견디지 못할 큰

사건이 다가오면 더 크게 무너집니다. 줄곧 지금까지 내가 알아서 잘

조절해오던 나의 세계가 무너져버리기 때문이에요.

삶은 무작위로 우리에게 고통을 던지죠. 크고 작게 우리 뒤통수를

치지만 지구를 삼킬만한 행성급 돌멩이가 뒤에서 날라 오면, 별 수

있나요. 맞고 쓰러져야죠.

그동안은 타격감이 없는 무수한 돌멩이들이 날라 온 거였고 그걸 어떨
때는 받아치고 요리조리 잘 피해왔지만 이번은,
그냥 핵폭탄급 돌멩이인 거예요.

자아가 강한 사람이 지금 내가 맞고 쓰러졌다는 사실을 받아들이지
못하고 수용하지 못해서 그렇습니다.
인정해주세요, '내가 지금 많이 힘들구나'라는 걸.

- 나에 대해 설명하기 시작했던, 심리 상담 선생님과의 대화에서.

왜 저는 가벼워지지 않는 걸까요

신문사에서 내 연재 글을 담당하는 기자 C를 만났다. C는 내 글이 인터넷에서 화제가 된 시점에 가장 먼저 '당신의 글을 우리 신문에 싣고 싶다'라며 연락해온 기자였다. 말보다 글을 보면 사람을 더 잘 알 수 있다. 그 사람의 진심이 무엇인지, 그 사람이 지금 무엇을 이야기하고 있는지. 그 시기에 기사 연재 요청 연락을 동시에 여러 건 받았는데 C의 메일은 각별히 정성스러웠다. 나는 곧장 C에게 연락했다.

광화문의 어느 만두전골 집에서 C를 처음 만난 날, 날씨가 몹시 추웠다. 우리의 저녁식사 시간은 수다스럽지 않았다. 그렇다고 어색하거나 불편하지도 않았다.

"많이 드세요. 더 드세요. 따뜻한 거 많이 드세요."

잠시 한눈을 팔았다가 내 접시를 보면 음식이 수북이 쌓여 있었다. C는 내 접시가 비어 있으면 큰일이라도 날 것처럼 계속해서 음식을 채워주었다. 저렇게 쉴 새 없이 움직이면 힘들지 않을까. 속이 좀 든든해지자 C가 물었다.

"요즘 무슨 생각하세요?"

순간, 말문이 막혔다. 마음이 어떤지 묻는 사람은 많았어도 무슨 생각을 하느냐는 질문은 낯설었기 때문이다. 나도 모르게 속에 있는 말들을 토해내듯 꺼냈다.

"기자님, 왜 저만 이럴까요. 왜 저는 가벼워지지 않을까요. 제가 너무 오버하는 것 같아요. 다 털어내고 가벼워지고 싶고, 외면할 수 있으면 좀 외면하고 싶어요. 진심으로."

이제 괜찮아질 법도 한데 전혀 나아지지 않고 언제나 참사 이야기에 촉각을 곤두세우는 내 상태가 못마땅해서 푸념한 것이었다. C는 숟가락을 내려놓고 입을 뗐다.

"똑같은 사건이어도 사람마다 받아들이는 깊이나 정도, 방식은 각자 다른 것 같아요. 내가 보기에는 정말 심각한 사안인데 어떤 사람은 그리 중요하지 않게 받아들이고, 또 어떤 사람은 인생이 흔들릴 정도로 힘들어해요."

C는 자신이 쓴 기사가 나간 뒤, 항의 전화를 받거나 악플

이 달리는 일에 이젠 익숙해질 만도 한데 여전히 무릎이 꺾인다고 말했다. 어느 날엔 자신도 모르게 지쳐버렸는데 그때 선배 기자가 이런 말을 들려주었단다.

"사람은 저마다 다르니까 반응이 제각각인 건 지극히 자연스러운 일이야. 그걸 나쁘다고 볼 수는 없지. 다만 어떤 사건이 벌어졌을 때 언론은 공감하고 아파하고 깊게 받아들이는 사람들의 반응에 더 집중해야 한다고 봐. 기자라면 그렇게 그늘진 곳에 있는 사람들의 입장과 생각을 대변하고 공감해주려 노력해야 하는 게 아닐까."

C는 그 선배의 말을 듣고 마음이 가벼워졌다고 했다. C와 마찬가지로 나도 그 선배 기자의 말에 큰 위로를 받았다. 사람마다 반응이 제각각인 건 '지극히 자연스러운 일'이라는 말. 이렇게 아파하는 내가 아주 이상한 사람은 아니구나 싶었다. 연재를 망설이는 내게 C가 말했다.

"초롱 씨 글로 위로받는 분들이 많을 거예요."

나는 이 말을 참사로 아파하는 보이지 않는 사람들을 위해 멈추지 않고 목소리를 내주어 고맙다는 얘기로 받아들였다. 덕분에 나는 용기를 냈다. 드디어 내 글은 신문사 사이트에 연재되기 시작했다.

초롱의 일기

조금 덜, 외로웠으면 좋겠다

상담 선생님 오랜만이네요? 어때요, 요즘은?

초롱 그냥, 외로워요. 기분이 묘한 새해 인사를 받았어요. 선생님, 사실은 주변 사람들과 단절되는 느낌을 자주 받아요.

상담 선생님 구체적으로 말해줄 수 있나요?

초롱 제가 참사를 겪었다는 이야기를 듣고는 서둘러 연락해온 친구들도 있지만, 소수예요. 괜찮냐는 안부를 묻기도 그렇고, 힘내라는 말을 쉽게 하기도 그렇고. 그런 연락을 받고 저도 괜찮다고 말할 수 없기도 하고. 서로 어떻게 말해야 할지 모르니까, 그냥 연락 자체가 없어지는 거예요.

(상담 선생님) 누굴 탓할 수는 없어요. 우리가 참, 그냥 서로 위로하는 법을 모르는 사회인 거죠.

(중략)

(상담 선생님) 표정을 보면 말하는 것은 담담한데 정말 슬퍼 보여요. 구체적으로 어떤 마음을 품고 있는지 말해줄 수 있나요?

(초롱) 평범한 고통을 겪고 있는 저마저도 이런데 자식을 잃은 사람들은, 사랑하는 사람을 잃은 사람들은 얼마나 주변과 단절되어 가겠어요. 감히 상상도 할 수 없는 고통이라서 주변 사람과 단절되는 일이 더 많으실 텐데 너무 슬프고요. 그분들 얼마나 외로우실까요.

(상담 선생님) 초롱 씨는 무감각하지 않아요. 무던하지도 않고 남에게 관심이 없는 사람도 아니에요. 이런 이야기만 들어도 다 알겠어요. 그러니 일상을 덮치는 트라우마에서 내가 예민하지 않아서 타인의 죽음을 방관했다는 자책은 정말 잘못된 사고방식인 거 알려드리고

159

싫어요. 무던하고 예민하지 않은 사람이 타인의 고통을 이렇게 같이 느낄 리 없잖아요. 그럼 이제 다시 관점을 바꿔봅시다. 사람들이 어떻게 연락을 하는 게 위로가 될까요?

초롱 그냥, 밥 잘 먹고 있지? 밥은 먹었어? 네 생각이 나서 연락해봤다. 답장은 안 해도 돼. 나만 보낼게. 자주 생각하고 있으니 조금 덜 외로웠으면 좋겠다.

- 트라우마가 일상을 망치는 과정, 그리고 단절과 고립을 상담하면서.

나에게는 잘못이 없다

어느 날 공덕동 상담 선생님에게 "그건 그거고, 이건 이거"라는 말을 들었다. A를 떠나보낸 사건은 그 사건이고, 이태원 참사는 이 참사일 뿐이라는 것이었다. 그 둘 사이에는 어떤 연결 고리도 없고 각자 별개의 사건이라는 얘기였다. 늘 표정이 따뜻하고 너그러운 분인데 그때만큼은 단호했다. 선생님의 눈빛에는 진심이 담겨 있었다. '스스로 깨고 나오세요' 하고 외치는 듯했다. 선생님은 두 사건을 연결 짓는 생각의 회로에서 "빠져나와야 한다"라는 말과 함께 A를 떠나보낸 뒤 그 일을 극복하는 과정에서 내린 결론이 무엇이냐고 물었다. 갑자기 나는 잊고 있던 그 결론을 떠올렸다.

"나에게는 잘못이 없다."

맞아, 그때 내가 이런 생각을 했지. 그제야 분명해졌다. 상담 선생님은 참사 원인을 자기 자신에게 돌리는 것은 스스로 만들어내는 망상 같은 것이라고 했다. 그것을 깨뜨릴 수 있는 사람은 나뿐이라고도 했다. 선생님이 해주길 바랐는데 왜 혼자 하라는 건지 괜스레 화가 났다. 또다시 혼자가 되어야 한다는 사실에 풀이 죽었다. 뭘 어떻게 해야 하는지 몰랐지만 나는 내가 만들어내는 그릇된 망상과 사건의 실체 사이에 존재하는 괴리감을 찾아내는 게 중요하다는 얘기를 진지하게 받아들였다. 과연 그게 뭘까.

문득 언론사와 인터뷰할 때마다 빠짐없이 받았던 질문이 떠올랐다.

"언제부터 이태원 핼러윈을 즐겼어요?"

나는 2016년부터 매년 이태원에서 핼러윈을 즐겼다고 대답하며 나 자신을 '핼러윈 마니아'로 지칭했다. 그와 동시에 잊고 있던 장면이 하나둘 기억나기 시작했다.

특히 내가 참사 이후 뉴스에 집착하면서, 또 국회의원들의 국정조사 발언을 모두 찾아보면서 새삼스레 알게 된 사실이 있다. 바로 해마다 이태원 핼러윈에 참여한 사람들의 수였다. 나는 막연히 2022년에 역대급으로 가장 많은 인원이 방문했을 것이라고 생각했다. 아니었다. 역대 가장 많은 인원이 집계된 해는 2017년이었다. 그해 참여자는 무려 20만 명에 달했다. 2022년 10월 29일, 참사 당일엔 10만 명이 조금 넘는 수준이었다.

나는 마니아답게 2017년 핼러윈에도 이태원에 있었다. 그해 핼러윈은 내게 다른 어느 해보다 기억에 남았다. 당시 나는 '제대로' 콘셉트를 잡아 분장했고 SNS에 그날 사진을 올렸을 때 친구들은 폭발적인 반응을 보였다. 내가 봐도 웃기고, 귀여웠고, 잘 놀았던 그해 이태원을 담은 사진이 분명 어딘가에 있을 터였다. 아주 많이 찍었으니까. 나는 본능적으로 사진첩을 뒤지기 시작했다. 참사 당일 찍은 영상과 사진을 복기해보며 그날의 내 동선을 파악한 것처럼 2017년 그날의 상황을 사진으로 확인하고 싶었다.

"찾았다!"

2017년, 이태원 핼러윈 파티가 한창 절정에 접어든 시각에 나는 2022년 참사가 발생한 사고 지점에서 사진을 찍었다. 사람이 산처럼 쌓여 죽어간 2022년의 상황과 달리 2017년의 같은 공간은 편안하게 이야기를 나누거나 사진을 찍을 수 있을 정도로 사람과 사람 사이의 간격이 넓었다. 모두가 자유롭고 행복해 보였다. 내가 사랑하는 이태원의 모습이 고스란히 담겨 있었다. 이태원역 근처에서 찍은 사진도 마찬가지였다. 2022년에는 사람이 너무 많아 통행이 어려웠던 그 길이 꽤 여유로워 보였다. 옛 사진을 보고서야 나는 비로소 깨달았다.

'나는 잘못한 것이 아무것도 없다.'

주르륵 흐르던 눈물은 어느새 엉엉 소리로 바뀌었다. 엄마, 엄마, 엄마. 나도 모르게 어린아이처럼 엄마를 찾으며 울었다. 그날 처음 침대에서 잠을 잤다. 침대에서 잠자기를 거부한 지 얼마나 지났는지 날짜 세기를 포기하고 있던 무렵이었다. 네가 감히 침대에서 잠을 편하게 자느냐고 스스로를 학대하던 시기를 드디어, 벗어났다.

어떤 죄책감은 망상이다. 망상의 세계에 살다가 현실에 발을 딛고 망상과 현실의 간극을 발견하는 일은 그래서 중요하다. 그제야 비로소 죄책감이 사라지기 때문이다.

가족이라는 이름의 무게

나는 공덕동에서 진행하는 상담 시간을 좋아했다. 태어나서 처음 온전히 나를 이해받는 기분이었다. 상담을 진행하는 동안 상담 선생님은 그동안 내가 어떻게 살아왔는지 모조리 들려달라고 했고, 그걸 열심히 받아 적었다. 나는 내 유년기부터 현재까지의 삶을 최대한 털어놓았다. 당연히 가족 이야기가 빠질 수 없었다.

"야, 들었어? 〈SKY 캐슬〉, 그거 우리 동네 얘기래. 당연히 대치동 얘긴 줄 알았는데."

나는 유년기부터 청소년기까지 대전에서 자랐다. 드라마 〈SKY 캐슬〉은 작가의 자전적 이야기로 작가는 아들을 키우며 겪은 입시 스트레스를 대본에 녹였다고 한다. 드라마 속 인물들 또한 모두 실제 캐릭터를 반영한 것으로 유명하다. 그런데 작가가 오랜 기간 대전에 거주했고 여전히 대전에서 살고 있다는 사실이 지역 신문에 실리면서 드라마의 실제 배경이 대전의 사교육 현장이라는 말이 돌았다. 특히 작가가 인터뷰에서 "아들이 고3이던 2009년"이라고 밝힌 것으로 미뤄보건대 내가 학창 시절을 보낸 시기와 딱 맞물린다.

드라마 속에서 입시 스트레스로 미치기 직전인 아이들이 편의점에서 물건을 훔치는 장면을 보고 나는 크게 웃음을 터뜨렸다. 재밌어서가 아니라 내가 아는 이야기가 드라마에 나오는 것이 신기해 탄식처럼 웃은 것이었다. 그 장면을 보고 나는 '확실히 대전 이야기가 맞나 보다'라고 생각했다. 그 장면은 내 친구들 이야기였다. 전교 10위권 성적을 유지하며 늘 반장을 놓치지 않던 아이, 그 아이가 친구들과 떼로 몰려다니며 편의점과 비디오대여점을 털었다. 물론 그들은 드라마에서처럼 부모에게 들키거나 경찰서에 잡혀가진 않았다. 당시 도벽은 아이들 사이에서 범죄가 아닌 하나의 '밈'이자 '놀이 문화'였다.

대전에는 큰 대학병원이 있는데 그곳을 중심으로 앞에는 법원과 경찰청, 뒤에는 정부종합청사가 있다. 그리고 근처에는 대규모 연구단지가 들어서 있다. 그 동네에 사는 부모는 앞서 말한 곳 중 한 군데서 일하는 경우가 많았고 친구들의 가정환경은 대체로 유복했다. 신도시, 교육열 높은 학군, 어지간하면 큰 일이 생기지 않는 안정감 있는 동네가 바로 그곳이었다.

나는 공무원이던 아빠를 따라 초등학교 3학년 때 그곳으로 이사한 뒤 새로 들어선 공무원 아파트 단지에서 살았다. 모든 학교가 걸어서 다닐 수 있는 거리에 있었고 밤에 늦으면 부모님이 데리러 왔다. 학창 시절 내내 나는 버스를 타본 기억이 없다. 어려운 가정환경, 불우한 이야기가 내게는 없다. 소름 끼칠 정도로 돈이 많은 재벌가 딸은 아니어도 대한민국 중산층으로 살면서 세상 풍파를 모르고 지냈다. 내가 사회에 나갔을 때 어떤 사람은 나더러 온실 속 화초처럼 자랐다고 비아냥대기도 했다.

나는 사랑을 많이 받고 자랐다. 말하지 않아도 엄마와 아빠가 나를 사랑한다는 것을 온몸으로 느꼈다. 특히 나를 향한 엄마의 사랑은 여전히 몇몇 에피소드가 생각날 정도로 깊고 진하다. 엄마의 사랑이 부족해 외로움을 느껴본 적은 없었다. 언제든 내 곁을 떠나지 않고 날 사랑해줄 사람이라는 확신이 분명했기에 엄마가 일하러 가지 않았으면 좋겠다고 생각한 적도 없었다. 워킹맘인 엄마는 일을 열심히 했지만 엄마의 관심 1순위는 언제나 자식들이었다. 나는 그걸 사는 내내 느꼈다. 엄마가 내게 주시는 그런 종류의 사랑은 대체 어떤 감정일까. 궁금했다. 그 감정이 알고 싶어 결혼은 몰라도 엄마는 꼭 되어 보고 싶다는 생각을 자주 했다. 그랬기에 내가 부모님과 갈등을 일으킬 때마다 귀에 딱지가 앉을 만큼 들은 말이 있다.

"도대체 뭐가 불만이니? 해달라는 것 다 해주고 부족함 없이 키우고 있는데 대체 뭐가 문제야?"

내가 봐도 부모님과 내가 속한 환경에는 전혀 문제가 없었다. 부모님 말씀이 맞다. 문제는 내가 원하는 방식의 사랑이 아니었다는 데 있었다. 나는 내가 원하고 바란 적 없는 것을 줘놓고 말을 듣지 않는다고 불효녀 취급을 할 때마다 대들었다. 그저 나라는 사람을 있는 그대로 이해해주었으면 싶었다. 길가에 핀 꽃에 말을 걸고 허구한 날 공상하는 재미로 사는 내가 부모님의 눈에 찰 리 없었다. 치맛바람 세기로 유명한 그 동네에서 나는 부모님뿐 아니라 모든 환경이 숨 막혔다.

사랑은 듬뿍 받았으나 온전히 나 자신을 '이해받으며' 자란 기억은 없다. 늘 이상한 애, 특이한 애, 별난 애 취급을 받는 일에 익숙했다. 결국 나는 가족과 떨어져 사는 것만이 정답이라고 생각했다. 서울로 올라와 자취를 시작하면서 나는 해방감을 느꼈다. 엄마와 아빠는 서울을 무슨 외계 세계로 생각하는 듯했다. 뭐 하러 서울에 가느냐고, 그냥 대전에서 얌전히 학교에 다니면 안 되겠느냐고 했다. 어쩌다 내게 무슨 일이 생기면 "그때 너를 괜히 보냈다. 서울에 가서 망가졌다"라는 얘기를 20대 내내 들었다. 가끔은 지금 당장 서울 생활을 접고 대전으로 내려오라는 불호령이 떨어지기도 했다.

두 동생이 모두 취업한 뒤에는 가족 안에서 외로움이 더 커졌다. 나를 뺀 우리 가족은 모두 공무원이거나 대기업에 다니는 직장인으로 대한민국 중산층의 표본이었다. 가족의 대화에 점점 공감하지 못하는 일이 늘어났다. 부모님과 동생들의 주된 관심사는 재테크, 부동산, 주식 등이었고 여전히 꿈을 먹고 사는 나로서는 그 이야기를 절대 이해할 수 없었다. 그런 것에 관심 없는 나를 아직 철없는 애 취급하며 열등하게 바라보는 엄마에게 몇 번은 화가 나기도 했다. 그러던 중에, 참사를 당했다.

엄마와 아빠가 참사를 이해할까. 바라기 힘든 일이었다. 5년 전, 엄마가 뉴스를 보며 했던 말을 똑똑히 기억하고 있기 때문이다.

"세월호 참사, 너무 안타깝지만 보는 내가 힘들어 죽겠어. 이제 그만했으면 좋겠어."

그때 나는 엄마 같은 사람들 때문에 세상이 이 모양 이 꼴이라고 모진 말을 내뱉으며 대차게 싸웠다. 내가 참사를 당했다고 한들 이해받지 못할 게 뻔했다. 오히려 아무 말도 하지 않는 것이 나를 위한 길이었다. 그런데 그 망할 놈의 유교적 '가족 중심주의 문화'는 입을 꾹 닫고 있는 나를 자꾸만 죄인으로 만들었다. 나는 주위에서 "그래도 부모님께는 말해야지"라는 말을 수십 번도 더 들었다.

상담 선생님들은 달랐다. 공덕동 상담 선생님도, 한국심리학회 전화 상담 선생님도 내게 그런 말을 하지 않았다. 반대로 그들은 이렇게 말해주었다.

"힘들면 모두 말하지 않아도 돼요. 그게 가족일지라도, 부모님일지라도."

덕분에 숨통이 트였다. 그런 생각을 하는 부모님이 잘못한 것도 아니고 일상을 살다가 참사를 당한 내가 잘못한 것도 아니며, 그저 세대가 다른 사람들이 같은 세상에 살고 있어서 생기는 현상일 뿐이라는 말에도 수긍이 갔다.

"가장 좋은 방법은 말하지 않는 것일 수도 있어요. 나를 이해해주는 사람에게만 말해도 충분해요."

무엇보다 나는 이렇게 말해주는 선생님이 부모님 세대의 중년이라 좋았다.

9시 뉴스에 나오던 날

어느 날 익산에 사는 J에게 전화가 왔다.

"언니, 지금 9시 뉴스에 언니 얼굴이 대문짝만하게 나와."

긴장이 풀려 지쳐 쓰러지듯 잠들었던 나는 전화를 받고 그제야 TV를 켰다. 그날 낮에 있었던 이태원 참사 공청회를 편집한 뉴스가 나오고 있었는데 언론사들이 내 발언을 집중 보도하고 있었다.

"인간에 대한 이해가 조금도 없고, 아직까지 무엇이 잘못되었는지 깨닫지 못하는 자신의 무지함과 비열함에 스스로 열등감을 가지셔야 합니다."

TV 속 내 모습은 낯설었다. 무언가 단단히 화가 난 것 같기도 하고 깊은 슬픔을 억누르고 있는 듯도 보였다. 뒤이어 나는 이렇게 말했다.

"참사의 원인은 희생자나 생존자가 그곳에 갔기 때문이 아니라 정부가 군중 밀집 관리에 실패했기 때문입니다. 이것이 참사의 유일한 원인입니다."

참사 이후 개인이 아무리 열심히 치료받아도 사회적 인식이 '그러게 왜 거길 갔느냐', '남의 나라 기념일을 뭐가 좋다고 챙기느냐' 하고 질타하는 분위기라면 치료 효과는 백지화된다는 얘기도 했다. 나는 참사를 향한 사회적 인식이 이렇게 일률적이고 납작한 이유는 '인간을 이해하려는 마음 결여 때문'이라고 생각한다. 이 넓은 세상에, 이토록 다양한 사람이 살아간다는 사실을 외면하는 것도 마찬가지다.

안타깝게도 처음 열린 공청회에 참석한 사람 중 이태원 참사 현장에 있었던 사람은 거의 없었다. 현장에 없었으니 당연히 이태원 상황을 이해하지 못했다. 2030세대 문화나 요즘 젊은이들이 어떤 생각을 하고 사는지, 무엇을 행복하다고 느끼는지 알고 진심으로 이해하는 사람도 없었다. 아무것도 모르는 상황에서 문제의 본질을 제대로 짚고 참사의 진짜 원인에 접근해가길 기대하는 것은 무리였다. 결국 애꿎은 막말만 난무했다.

"국가적 비극을 이용한 '참사 영업'을 하려는 것은 아닌지 우려된다."

"자식 팔아 장사한다는 소리가 나온다. 나라 구하다가 죽었느냐."

이게 대한민국 정치인과 시의원 입에서 실제로 나온 발언이다. 생존자에서 159번째 희생자가 되어 떠난 학생을 두고 국무총리는 "해당 학생이 스스로 더 굳건하고 치료를 받겠다는 생각이 강했으면 좋지 않았을까"라는 말로 희생자의 죽음을 개인 탓으로 돌렸다. 더구나 외신들과 함께한 이태원 참사 관련 기자간담회에서 외국 기자들에게 웃으며 농담을 건네기도 했다. 대형 참사 같은 재난을 겪은 사람에게는 개인적인 극복도 중요하지만 진상규명만큼 큰 치유는 없다. 잘못한 사람을 찾아서 벌을 주는 게 아니라 그 상황을 정확히 인식하는 것이 극복의 중요한 포인트다. 그것이 제대로 이뤄지지 않다 보니 치료와 상담을 열심히 받아도, 나는 매번 다시 원점으로 돌아오는 경험을 했다.

행정안전부 장관 역시 첫 브리핑에서 "예전에 비해 특별히 우려할 정도의 인파는 아니었고, 경찰 병력을 미리 배치해 해결할 수 있는 문제는 아니었다"라고 2차 가해나 다름없는 발언을 했다. 또한 경찰총장은 술을 마시느라 참사를 뒤늦게

인지했다는 의혹 앞에서 "주말 저녁이면 음주를 할 수 있다. 그런 것까지 밝혀드려야 하나"라며 자신의 음주 여부를 추궁하는 의원의 질문에 당당히 불쾌감을 드러냈다.

이 모든 것이 이태원 참사가 얼마나 큰 사회적 참사인지 인식조차 하지 못하는 사람들의 책임 회피성 발언이다. 이런 비상식적인 언급만 해도 기가 막힐 지경인데 가장 충격적인 발언은 따로 있었다. 내가 개인적으로 공청회 자리에서 가장 충격을 받았던 말은 참사를 예측할 수 있지 않았느냐는 질문에 돌아온 답변이었다.

"사람이 거의 밀려다닐 정도였다는 것을 알았으면 그 사람들이 넘어져서 혹시나 사람들이 다칠 수도 있다는 것을 예상했어야 하는 것 아닙니까?"

"다칠 것은 예상했지만, 한두 명 정도 다칠 것이라고 생각했지 그렇게 대규모 참사가 날 거라고는……."

바로 이것이 이태원 참사의 가장 중요한 지점이다. 군중 밀집 문제는 어디서든 일어날 수 있는 일이다. 그런데 왜 이태원에서는 그런 일이 일어나리라 예상하지 못했을까? 나는 이태원과 젊은 세대 문화를 향해 품고 있던 왜곡된 시선과 편견이 작동했다고 본다. 이태원은 그들에게 그저 '젊은 애들이 놀기 좋은 곳'이었다. 그렇게 이태원을 편견 어린 시선으로 바라보고 '놀기 좋은 곳'이라는 벽으로 가려버리고 나니 이태원에서 군중 밀집 문제가 일어날 수 있으니 미리 조치를 취해야 한다는 생각을 하지 못했던 것이다.

이 답변만 그런 게 아니라 공청회에 참석한 모두가 미처 생각하지 못했다고 답변했다. 몰랐기에 대비하지 못했고 막지 못했다는 그들의 답변은 모두 맥락이 같았다. 책임자들은 군중 밀집과 이태원을 별개로 생각했다. 심지어 어떤 책임자는 몰랐는데 이제 와서 어떻게 하느냐는 듯한 억울함까지 드러냈다.

그동안 두 번의 청문회가 있었고 내가 참여한 것은 세 번째 청문회일 뻔했다가 이름이 '공청회'로 바뀐 자리였다. 두 번의 청문회 때는 참사 원인인 군중 밀집 관리 실패에 따른 청문을 하기보다 중요하지 않은 다른 이야기로 시간을 낭비하고 말았다.* 또한 유가족에게 발언권을 주지 않고 진행해 무의미한 청문회라는 비판을 받았다. 유가족 입장에서 따져 물어야 할 것을 철저히 배제한 채 참사와 이태원을 이해하는 인식이 부족한 사람들끼리 청문회를 했으니 무얼 제대로 밝힐

---

* 총 스물여덟 번의 질의 기회 중 열한 번의 질의에서 신현영 의원과 닥터카를 지적한 국민의힘 의원들에게 전체 질의의 40퍼센트를 할애했고, 할애한 질의 시간 총 126분 중 40분을 소모했다. 이 때문에 참사 원인이 아닌 이런 식의 논의는 의미 없다는 유가족들의 거센 항의가 있었다.

수 있었겠는가. 결국 3차 청문회는 청문회가 아니라 유가족과 생존자를 참여시켜 무엇이 진짜 문제였는지 함께 논의하는 자리가 되어야 한다는 재난 전문가들의 조언을 바탕으로 이태원 참사 공청회로 이뤄졌다.

그 공청회가 참사 당사자들과 함께한 첫 자리였다. 무엇보다 현장이 얼마나 아수라장이었는지, 사람들이 어떻게 죽어갔는지, 살아 나온 사람들이 어떤 고통을 겪고 있는지를 전혀 공유하지 않아 모두가 모르는 상태였던 것도 문제였다. 그러다 보니 이후 이태원 참사를 사회적으로 어떻게 받아들이고자 노력해야 하는지까지 도달하지 못했다.

공청회에서는 국회의원을 비롯해 유가족마저 생존자들의 생생한 현장 증언에 모두가 말을 잃어갔다. 대충 짐작은 하고 있었지만 실제로 '이랬구나' 하고 처음 체감하는 듯하던 그 분위기를 나는 잊을 수가 없다. 보신각 타종 행사를 해도 군중 밀집 관리에 들어가고, 각종 행사와 시위가 있어도 군중 밀집 관리에 들어가 기동대를 배치한다. 그런데 왜 유독 이태원과 그날의 사고 시그널은 놓친 것일까. 나는 우리 사회가 다른 세대에게, 다른 연령대의 인간에게, 다른 사람들에게 관심 없이 세상에 그저 자신이 사는 방식만 존재한다고 생각하기 때문이라고 얘기했다. 다양성에 관심이 없고 아예 알려고 하지 않는 그 태도가 문제였다. 참사는 그 행사가 젊은 세대에게 얼마나 큰 부분을 차지하는 일상인지 몰랐던 무지함의 결과가 아닐까. '인간에 대한 이해'가 부족했던 것, 나는 이것이 근본적인 원인이라고 생각했다.

이어진 국회의원의 발언은 나를 참 씁쓸하게 만들었다.

"이번 국정조사가 실패했음을 지금에서야 깨닫는다. 유가족과 생존자 증언을 듣는 자리를 청문회를 시작하기 전에 마련했어야 했다. 그리고 그 생생한 증언을 행정안전부 장관, 국무총리, 서울시장, 용산구청장이 듣도록 했어야 했다. 반드시 들어야 할 사람들이 참여하지 않았다. 예산안 결정하느라 국정조사 기간의 반 이상을 허무하게 날려버렸다. 너무 아쉬웠고 미흡한 부분이 많은 국정조사였다."

당시 심경을 신문에 연재하면서 나는 이런 글을 적었다.

"이것을 희망적이라고 생각해야 할까요, 절망적이라고 생각해야 할까요? '왜 그때는 불러주지 않았냐'고 물어야 할까요, '이제라도 들어주어 고맙다'고 해야 할까요?"

공청회를 그대로 마무리하려는 순간 나는 다시 한번 참사의 무거움을 느끼지 못하는 현장 실무자의 발언을 듣고 스스로 손을 들어 "할 말이 있습니다"라고 외치고 말았다. 2차 가해로 세상을 등진 159번째 희생자가 부모의 동의 없이 50분간 경찰 수사를 받았다는 증언이 나온 뒤였다. 그 증언을 듣고 한 국회의원이 "이게 도대체 어떻게 가능한 일이냐"라고 경찰청 치안상황관리관에게 물었다. 치안상황관리관은 "의원님, 그것은 제가 조금 확인을 해보고요……"라고 했다. 유족이 눈앞에서 경찰 수사를 받았다고 증언하는 걸 듣고도 '진위'를 확인해 말하겠다는 것이 또 다른 2차 가해처럼 여겨졌다.

관료주의적 사회에서 관료로 일하는 까닭에 그런 것일까 하고 이해해보려 했으나, 그렇다고 인간다움이 불가능한 것은 아니라는 생각이 들었다. 관료주의에 갇혀 무엇이 잘못되었는지, 그런 자리에서는 어떤 말을 해야 하고 하지 말아야 하는지 전혀 모르는 듯한 그 무지함에 어이가 없었다.

"치료와 상담으로 아무리 개인적인 노력을 기울여도 결국 바뀌지 않는 사회와 매번 쏟아지는 망언들이 제 노력을 모두 물거품으로 만듭니다. 진심으로 모르시는 것 같기에 다시 말씀드립니다. 위에 계시는 분들은 인간에 대한 이해가 누구보다 있으셔야 합니다. 만약 아직까지 무엇이 잘못되었는지 모르신다면 본인의 무지함에 대해 스스로 열등감을 가지셔야 합니다."

대한민국에는 재난 컨트롤 타워가 없는 것도 아니고 시스템이 붕괴하지도 않았다. 우리는 좋은 시스템을 갖추고 있고 참사 현장에서 본 모두는 삼류가 아닌 일류였다. 삼류는 바로 그 위에서 시스템이 잘 돌아가도록 '지휘하지 못한 사람들'이다. 참사의 원인은 유흥과 밤 문화, 외국 귀신파티 문화가 아니다. 참사의 유일한 원인은 바로 군중 밀집 관리 실패다.

대전 우리 집에서도 전화가 왔다.

"뉴스를 보는데 우리 딸이 나오네?"

엄마 목소리를 들으니 적잖이 놀란 듯했다. 나는 건조하게 대답했다.

"응, 맞아. 나야."

옆에서 듣던 아빠에게 "여보, 우리 애 맞대" 하고 전하는 엄마 목소리가 나를 웃게 했다. 용기를 낸 내게 엄마가 박수를 보내길 바랐다.

'엄마, 나는 이제 정말 무서운 것이 없어. 죽었다 살아온 기분이야. 한 번 죽었다 살아 돌아왔는데 뭐가 무섭겠어. 국회의원을 봐도 기죽지 않고 별 감흥이 없어. 그런데 나를 슬프게 하는 사람들이 있어. 유가족 뒷모습만 봐도 슬퍼, 나는. 들썩이는 어깨를 보고 있자니 그냥 무너져내리는 것 같았어.'

그날 엄마에게 차마 말하지 못하고 내가 일기장에 쓴 내용이다. 지금 이 순간에도 나는 남겨진 사람들을 생각한다. 여전히 아프다.

올해도 이태원에 갈 겁니다

D는 중학생 아들을 키우는 워킹맘이다. 업무상 연락하다가 우연히 나온 이야기에 나는 많은 것을 느꼈다. 아들, 남편과 함께 미국에서 지내던 D는 몇 년 전 한국으로 들어와 정착했다. 당시 초등학생이던 아들은 수학여행에 기대감이 컸는데 공교롭게도 세월호 참사가 벌어진 다음 해라 고대하던 수학여행을 갈 수 없었다. D는 아들에게 세월호 참사를 어떻게 설명해야 할지 몰라 아무 말도 하지 않았다. 슬픈 일을 알려주는 것은 아이에게 좋지 않을 거라 판단하기도 했다. 수학여행을 손꼽아 기다리던 아들은 왜 가지 못하는 건지 그 이유를 이해하지 못해 울고불고 떼를 썼다. 학교에서도 선생님에게 왜 수

학여행을 가지 않느냐고 물었지만, 선생님도 설명해주지 않아 한바탕 소란을 피웠다. 이유를 이해하지 못한 아이는 화를 냈다. D의 아들은 자신이 강요받는다고 생각하는 듯했고 그 감정은 억울함으로 터져 나왔다. 할 수 없이 D는 아들을 앉혀놓고 세월호 이야기를 들려줬다.

"우리가 미국에 있는 동안 있었던 일이야. 아이들이 커다란 배를 타고 제주도로 수학여행을 떠났는데 도중에 그 배가 침몰했어. 배가 눈앞에 둥둥 떠 있었어도 아이들을 구하지 못한 채 가라앉는 장면을 전 국민이 실시간으로 지켜본 사건이었어. 배가 침몰한 이유는, 원래는 그래서는 안 되지만 배에 실어야 하는 무게를 초과했기 때문이야. 자동차도 넣고 짐도 많이 넣었지. 더 많이 싣기 위해 법까지 고쳐가면서 무리했어. 한국은 예전에 빨리빨리 성장하려고 꼼수도 많이 쓰고 그랬는데, 그 나쁜 습관을 아직도 고치지 못했고 세월호 때도 그랬던 거야. 그래서 애석하게도 많은 아이들이 하늘나라로 갔어. 어른들이 정말 잘못한 거야. 뭐든 빨리빨리, 많이많이 하려고 욕심을 부리다가 그렇게 된 거니까. 그 사건 이후 이 슬픔을 어떻게 받아들여야 할지 잘 몰라서 모두 수학여행을 안 가기로 했나 봐. 좋은 방법은 아니지만 말이야. 그때 침몰한 배 이름이 세월호라서 우리는 그 사건을 '세월호 참사'라고 불러. 이 일을 기리기 위해 노란 리본 열쇠고리를 달거나, 스티커를 붙이거나, 소셜 미디어에 이미지를 올리면서 다 같이 추모도 하고 그래. 네가 수학여행을 갈 수 없어서 엄마도 슬프고 미안해. 대신 엄마랑 다른 데 놀러 가자. 친구들도 데리고 와. 엄마가 그 친구들 엄마한테 말해서 다 같이 데려갈게."

이 이야기를 들은 D의 아들은 미안해하고 펑펑 울면서 베란다 창문에 자기 몸보다 더 크게 노란 리본을 그렸다고 한다. D는 그때를 이렇게 설명했다.

"슬프고 아픈 일 알아서 뭐 해, 모르는 게 낫지. 이렇게 생각했는데 아니더라고."

D의 말처럼 괴롭다고, 슬프다고 의도적으로 덮어놓고 없던 일로 하는 게 능사는 아니다. D의 말을 듣고 난 뒤 나는 누군가에게, 특히 어린아이에게 이태원 참사를 들려준다면 어떻게 할 것인지 고민하기 시작했다.

"얘들아, 서울 한가운데에 있는 '이태원'에서 핼러윈 축제가 열렸는데 사람들이 아주 많이 모였어. 안타깝게도 사람이 그렇게 많이 몰릴 줄 알면서도 제대로 관리하지 않아 많은 사람이 다치고 하늘나라로 가고 말았지. 그러자 처음엔 '이태원은 무서운 곳이다', '그러게 거길 가지 말았어야지'라고 말하는 사람들도 있었는데 그건 그들이 잘못 생각하는 거야. 사람

많은 데는 가지 말아야 하는 게 아니라 어른들이 더 안전하게 잘 지켜줘야 하는 거야. 일부 사람은 이상하게 그 동네를 욕하고 그곳에 간 사람들에게 막 뭐라고 했어. 그때 여러 사람이 마음을 많이 다쳤지. 정말 중요한 것, 진짜 문제가 무언지 정확히 모를 때 사람들은 그냥 욕을 하기도 해. '그러게 거길 왜 갔어. 그 동네는 어쩐지 옛날부터 별로였어'라는 식이지. 이런 걸 우리는 혐오라고 해. 사람들은 왜 무언가를 혐오할까? 아주 간단해. 세상에서 미워하는 게 가장 쉽거든. 남 탓을 하는 건 편하거든. 그런 자세로는 성장할 수 없어. 우리는 혐오에 지지 않아야 해. 사람들이 자기 시대 문화를 더 즐기고 만끽하도록 안전한 환경을 만들어주는 게 우선이지. 본질을 놓치면 퇴보하거나 제자리걸음만 할 뿐이야. 슬픔은 애도하고 이태원 핼러윈 문화는 안전하고 즐거운 축제의 장으로 남았으면 좋겠어."

내가 공청회에서 "올해도 이태원에 갈 겁니다"라고 말한 이유가 여기에 있다. 나는 반드시 다시 이태원에 갈 것이다. 가서 끝내주는 식사도 하고 시원한 생맥주도 마실 거다. 혐오나 몰이해에 지지 않기 위해 더 화려하고 멋진 분장으로 핼러윈을 맞이하겠다. 올해뿐 아니라 내년에도, 후년에도. 아니, 평생.

생존자인 저는, 내년에도 이태원에 갈 겁니다

* 잠이 오지 않아 못 자는 새벽엔 자신(상담 선생님)과 전화 상담도 연결되지 않으니 자신에게 편지를 써보는 방법으로 글을 남기는 것도 좋다는 말에 메모장에 써둔 글.

선생님, 저는 확실히 많이 괜찮아진 것 같아요. 오늘 밤은 무섭고 두렵고 초조해서 잠이 오지 않는 게 아닌 거 같아요. 그냥 밤 내내 일면식도 없는 사람들이 그립던데요. '그리움'이었어요.

콘헤드(고깔 모양의 뾰족한 머리 형태) 코스튬을 착용한 가족 세 명이 기억나요.

20대 딸과 50대 엄마 아빠더라고요. 세대 관계없이 그렇게 콘헤드 코스튬을 하고 길거리를 즐기는 게 정말 보기 좋더라고요. 그분들은 무사히 집에 가셨을까요?

녹색 어머니회 코스튬을 하고 단체로 여섯 명이 몰려다니던 남자애들은 잘 갔을까요?

"엄마, 왜 여기서 이러고 있어. 얼른 집에 들어가!" 하고 장난도 쳤는데요.

덩치는 산만 해서 어머니 가발을 쓰고 점을 찍고 녹색 모자를 쓰고 노는데, 웃기고 귀여웠어요. 사진이랑 영상도 찍어뒀거든요. 방금도 보고 왔어요.

연락이 닿을 수 있었으면 좋겠다. 그리워요, 그냥.

아기들이 예년보다 이태원에 정말 많았거든요.

지금 30대인 저는 사실 스물여섯 살부터 매년 핼러윈을 즐겼어요. 그런데 올해 처음 이태원에 한국 아가들이 많이 나왔더라고요. 몇 년간 한국 핼러윈 문화도 정말 많이 바뀌었구나 싶었어요. 나도 내년에는 더욱 캐릭터가 짙고 아이들이 반가워할 만한 캐릭터로 분장해야지. 예쁘고 섹시한 거 말고 아기들이 좋아할 만한 거, 도널드 덕 분장을 꼭 해야겠다 싶었어요. 정말 귀여웠고 "해피 핼러윈"을 외치며 먼저 다가가 인사도 많이 해주었어요. 아이들 표정이 어떤지 아세요? 어른들이 먼저 다가가 인사하면 부끄러워하지만 두 눈에 반가움이 가득해요. 초콜릿을 주면 더 좋아하고요. 아이들은 역시 자기를 예뻐하는 사람을 기가 막히게 알아봐요. 아기들이 필요로 하는 건 자기를 무리에 끼워주고 같이 놀아주는 어른인 거, 혹시 아세요? 아이들은 어른들이랑 놀고 싶어 해요. 어린아이일수록 자기 우주는 부모와 그 부모의 친구들뿐이거든요.

아이와 어른이 같이 즐길 수 있는 축제는 핼러윈밖에 없지 않을까요. 저는 여전히 핼러윈이 정말 좋아요. 오늘 밤에는 그 아기들이 많이 생각나네요.

걔네는 집에 잘 갔겠죠? 뉴스에 아이들 이야기는 없는 걸 보니 다들 집에 잘 갔나 봐요. 같이 온 엄마나 아빠를 잃은 건 아니겠죠.

제겐 일곱 살짜리 조카가 있어요. 이모가 핼러윈에 환장해서 놀러 다니는 거 알고 있어요.

유치원에서 핼러윈이 취소됐나 봐요.

왜 이번엔 안 하느냐고 물으면 뭐라고 해야 할까, 오래 생각해봤어요.

사람 많은 데는 위험하니까 가는 게 아니야, 그러니까 '나중에 커서 이태원에도 가는 게 아니야'라고 가르칠 수는 없잖아요.

단편적으로 그렇게 가르치면 이태원은 나쁜 곳, 핼러윈은 나쁜 것,

파티는 나쁜 것, 모든 유흥은 나쁜 것이 되는 거 아닐까요.

저는 여전히 핼러윈이 좋습니다.

이게 어떻게 나쁘죠? 엄마 아빠랑도 같이 놀고, 다른 어른들이랑도 놀고, 자기 친구들이랑도 노는 축제인데요. 사회의 역할이 뭔지, 국가의 역할이 무엇인지, 시민의 역할이 무엇인지, 우리는 왜 혐오 사회로 가는지, 그렇게 만드는 사람들의 심리는 무엇인지, 그 본질을 파악하고 맥락을 짚어주는 어른이어야 하는 거 아닐까요.

아, 정말 생각할수록 핼러윈은 잘못이 없어요. 이태원도 잘못이 없고요. 그런데 너무 많은 상점이 문을 닫았어요. 곧 국화꽃 놓으러 이태원에 또 갈 거예요.

가서 더 당당히 이태원에서 밥도 먹고 올 거고, 내년에도 핼러윈 분장 끝장나게 하고 이태원에 가기로 마음먹었습니다. 그들은 잘못이 없으니까요.

아무래도 도널드 덕으로 분장을 꼭 해야겠어요. 그런데 뉴스에서 이제 방송과 공연계에서 '핼러윈'이라는 단어를 사용하기 힘들 것이라는 얘기가 나오네요.

무언가가 잘못되었다는 걸 어른들은 정말……

모르나 봅니다.

그래, 나 어설프다*

2023년 1월 들어 나는 모든 것이 다 싫어졌다. 언론사뿐 아니라 시민단체와 유가족, 다른 생존자 들의 연락도 버거웠다. "나 좀 그냥 내버려둬"라는 소리가 절로 나왔다. 그야말로 세상 모든 예민함을 다 끌어안고 사는 애처럼 날카롭게 굴었다.

그즈음 언론사는 나와 다른 생존자를 앉혀놓고 둘이 이야기하는 장면을 담고 싶어 했다. 한 군데서만 그런 게 아니라 마치 서로 짠 것처럼 모두가 그런 장면을 원했다. 나는 도저히 그럴 용기가 나지 않았다. 다리가 망가져서 병원에 오래 입원

* 곽푸른하늘 정규 1집 중 〈그래, 나 어설프다〉를 인용했다.

해 있던 생존자를 퇴원하자마자 데려다놓고 그날의 이야기를 한다는 게 너무 잔인하게 느껴졌다. 이제 나는 그날의 상황과 사건을 자책하지는 않았지만, 희생자와 많이 다친 생존자에게는 여전히 미안했고 자책하는 마음이 완전히 사라지지 않았다. 같은 시간에 같은 공간에 있었는데 이렇게 사지가 멀쩡하다니, 내가 저들의 운을 다 가져왔다고 생각할 수밖에 없었다. 한 라디오 프로그램에 출연했을 때 진행자가 내게 "초롱 씨는 왜 그렇게 미안해하세요?"라고 물었다. 내 대답은 간단했다.

"사람이니까요."

내 감정을 겨우겨우 추스르고 있는데 이런저런 요청이 계속 들어오자 나는 많이 지쳤고 모든 것이 다 싫어지는 지경에 이르렀다. 차라리 아주 도망갔으면 좋으련만 나는 그러지 못했다. 도망가지도 못하고 왜 그 자리에 서서 힘들어만 하는지 나도 이해가 가지 않았다. 사실 내게는 도망치는 것보다 알면서 외면하는 게 더 힘들다. 그래서 덜 힘든 쪽을 선택한 것이었다. 그래도 힘에 부치는 건 어쩔 수 없었다.

시간이 흐르면서 주변 사람들이 수군거렸다.

"쟤는 왜 저렇게 자기 몸을 희생하면서까지 나서는 거야?"

친구들은 조언했다.

"세상에 필요한 이야기를 하는 건 좋은데, 그렇게 자꾸 나서면 사람들이 너를 참사 생존자로만 바라볼까 봐 걱정돼."

나는 이런 말을 걱정을 가장한 비난으로 받아들였다. 이때쯤 친구들을 향한 분노가 생기기 시작했다. 물론 그들이 무엇을 염려하는지 모르는 바는 아니었다. 그렇지만 나는 참사 현장에서 요구하는 도움을 거절한 사람이었다. 그 마음의 빛이 계속 나를 몰아붙였다. "도와달라는 이들의 말을 어떻게 외면할 수 있냐고!"라는 내 울부짖음에 아무도 공감하지 못했다.

그날, 그러니까 생존자 발언이 소중한데 생존자 중에 나서줄 사람이 없다는 말에 가슴이 아려 이끌린 그날 나는 유달리 마음이 사납고 예민했다. 하지만 여야 정치인과 유가족이 모여 진행하는 첫 공적 추모회라는 말에 참석을 결정했다. 선뜻 나서지 않는 사람들의 마음이 이해가 갔지만 솔직히 제발 누구 하나라도 더 나서서 같이 이야기했으면 싶었다. 그러면 내가 좀 뒤로 숨어도 되지 않을까. 사전에 말 그대로 추모하는 마음만 있으면 되는 자리고 지난번 공청회처럼 건조하게 몇 마디 하면 된다고 들었다. 실상은 그렇지 않았다. 생각보다 규모가 훨씬 컸다.

그날 처음 나는 공황발작이 무언지 알게 되었다. 압도적으로 늘어선 위패와 희생자들의 사진, 진하게 풍겨오는 향 냄새, 무엇보다 코앞까지 다가오는 카메라 플래시와 기자들의 발걸음이 나를 숨 쉬지 못하게 만들었다. 깜짝 놀란 나는 행사장을 뛰쳐나와 나를 데려온 시민단체 사람들에게 소리쳤다.

"이런 자리라고 사전에 말해준 적 없잖아요. 왜 이렇게 힘들게 하세요."

그렇게 그들에게 화를 냈지만 정작 그 화의 표적은 나 자신이었다. '그러게 왜 어설프게 착하고, 어설프게 배려해서 또 이런 상황을 만든 거야! 단단할 거면 제대로 단단하든가, 아니면 아예 아무 데도 나서지 않는 사람으로 존재하든가.'

한참 주저앉아 숨을 고르다 일어나서 어찌어찌 발언하고 내려왔는데, 유가족 어머니 중 한 분이 내 앞에 다가와 이렇게 말씀하셨다.

"용기를 내줘서 고마워요. 나는 초롱 씨가 다 잊고 행복하고 밝게만 살아줬으면 좋겠어. 다 잊고 잘 살아줘요. 행복하게만, 응? 요즘 젊은 사람들 사는 것처럼. 그러면 난 정말 바랄 게 없네. 이 이야기 꼭 해주고 싶어서 찾아왔어요. 진상규명도 그냥 우리가 다 할 일이니까 신경 쓰지 말고. 이제 더 울지 말고 씩씩하게 잘 살아줘요. 너무 큰 짐은 다 버려두고 앞으로는 웃고 살 일만 걱정했으면 좋겠네. 그간은 용기를 내주길 바랐는데 오늘 보니 못할 짓이다 싶어. 그냥 젊은 친구들은 원래 살던 대로 밝고 밝게 사는 게, 그게 우리를 위한 것 같아. 그동안 고마웠어요."

내게 잊어도 된다고 말해준 유일한 분이었다. 다 잊으라는 말이 이렇게도 슬프고 위로를 주다니, 대체 그들과 내게 어떤 슬픔이 존재하는지 헤아릴 수가 없었다. 내가 밝게 사는 것이, 평범하게 웃고 지내는 것이 그들을 위한 것이라니, 그 마음을 어떻게 헤아려야 할까. 아이러니하게도 나는 잊어달란 그 요청을 고이 접어두고 사는 내내 꼭 기억하겠다고 마음먹었다.

10.29 이태원 참사 국회 추모제 발언 전문

정말…… 울고 싶지 않았습니다. 강한 마음으로 이 자리에 왔고, 저도
제가 여기까지 와서 또 이렇게 눈물을 흘릴 줄은 전혀 예상하지
못했습니다. 슬픈 11월을 석 달에 걸쳐 지나왔습니다.
일면식도 없는 사람들을 그리워한 시간이었는데 여기 와서 직접
영정사진을 보고 느끼고 들으니 그리움이 구체화되어 약한 모습을
보이고 있습니다.

안녕하세요, 저는 지난 100일간 신문과 인터넷에 심리 상담기를
연재한 김초롱입니다.

글의 제목은 '선생님, 제가 참사 생존자인가요'였고 지난 100일간 많은 사람이 그걸 읽었습니다.

그런데 어느 날 이런 반응들이 보이더군요.

'제목 한번 감상적이다. 힘들고 슬픈 건 알겠는데, 너무 오버한다. 저게 다 사실이라고, 거짓말 같은데 MSG 많이 쳤다.'

이것이 현실입니다. 상담 첫날, '저는 왜 이렇게 힘드냐고, 제가 참사 생존자가 맞느냐고' 선생님께 직접 여쭤봤던 그 말이 누군가에게는 소설로 읽힐 정도인가 봅니다.

글 속에 묘사한, 제가 직접 겪고 저를 지금까지 힘들게 하는 상황이 '서울 한복판에서 일어났다고는 믿을 수 없는 끔찍한 참사이긴 하구나' 하면서 역으로 이태원 참사의 참혹함을 깨달았습니다.

이 현실은 일반 시민들에게만 있는 것이 아니었습니다. 지난 공청회 때 생존자 발언을 하러 국회에 간 날(1월 12일), 여야를 막론하고 국회의원들에게 기대감이 없었습니다. 실상을 믿지 못하기 때문에 아무 조치도 하지 않는 거라 굳게 믿었습니다.

그런데 생존자 발언을 시작한 후 놀라우리만큼 집중하는 여야 의원들을 보며 당황했습니다.

'이것이 진짜 생존한 사람들의 감정이구나, 실제 현장은 이랬구나'
느끼는 듯한 모습들이 놀라웠습니다.

이것을 희망적이라고 해야 할까요, 절망적이라고 해야 할까요.

참사가 발생한 지 약 70일이 된 시점이었고, 특수본 수사발표(1월 13일)가 있기 하루 전이었습니다.

지금이라도 알아주어 감사하다고 해야 할지, 왜 이제까지 모르고 있었느냐고 원망해야 할지 어지러웠습니다. 그리고 오늘 100일입니다.

여전히 변한 것이 없습니다. 참사 이후 제가 용기를 계속해서 내며 세상에 목소리를 낸 이유는 세상이 조금이라도 변하기를 바랐기 때문이었습니다. 그런데 아무것도 변하지 않습니다. 정말 이대로라면, 용기를 낸 것을 후회하고 또 후회하며 비관적으로 살아가겠지요.

용기를 낸 대가가 아무것도 변하지 않는 것을 목격하는 것뿐이라면 저는 정말이지 다시는 용기를 내지 못할 것 같습니다. 오늘 나오면서도 절망과 희망을 동시에 안고 가까스로 나왔습니다.

용기를 내기가 정말 어려운 나라입니다.

저는 최근 가장 염려하던 그날을 맞이했습니다. 심리 상담 선생님께 '죄송하지만 이제 더는 당신의 상담이 도움이 되지 않는다'라고 고백할 그날을 말이죠.

세상이 변화하는 모습을 보지 못하고, 진상규명을 하지 않으면 결국 본질적인 원인은 제거되지 않습니다. 진상규명을 하려는 세상의 의지가 재난 트라우마가 있는 사람에게는 유일한 극복의 열쇠입니다.

아직도 나서지 말라는 사람이 많습니다. 그런데 도저히 외면할 수가 없습니다. 지금도 사람들이 참사의 참상을 제대로 느끼지 못하는데 저조차 외면한다면, 그저 그런 일 정도로 묻힐 겁니다.

저는 자꾸 남아 있는 사람을 생각합니다. 기억해달라는 이들을 어떻게 도울 수 있을까.
제가 할 수 있는 것이 없어서 사실 많이 슬프고 오늘도 이 자리를 나가지 못하겠다고 거절할까, 직전까지 많이 고민했습니다. 그리고 이 자리에 오고 나서 많이 후회했습니다.

꼭 올해도 이태원으로 아무렇지 않게 일상을 즐기러 가야 한다고 생각합니다. 이태원을 위험한 곳이라며 금기시하고, 무서운 곳이라는 인식이 없어지도록 도와야 합니다. 내 일상을, 그들의 일상을 우리는 최선을 다해 복구해야 합니다. 학습되지 않게 도와주세요.
이태원으로 핼러윈을 즐기러 간 이유는 매년 별 문제없는 곳이었기에, 이번에도 별 문제 없을 것이라 생각했기 때문입니다. 참사가 일어나고 깨달았습니다. 그동안 그곳에서 사고가 나지 않은 이유는 보이지 않는 곳에서 많은 사람이 사고가 나지 않게 예방했기 때문이라는 것을요.

196

참사의 유일한 원인은 정말로 그동안 했던 것을 하지 않은 것, 바로 군중 밀집 관리의 실패입니다. 진상규명이 절실합니다. 이것이 우리의 트라우마를 없애고 일상으로 돌아갈 수 있는 방법입니다.

잘못 없는 이들이 더 이상 고통을 겪지 않게 도와주시기 바랍니다.

이해받지 못한 자들의 나라

세상에는 보통사람의 눈에는 보이지 않는 나라가 따로 존재한다. 이를테면 '이해받지 못한 자들의 나라'가 있다. 이해받지 못한 자들의 나라 주민은 서로를 100미터 밖에서도 알아볼 수 있다. 얼마 전 그 이해받지 못한 자들의 나라에 '이태원 참사 생존자', '이태원 참사 유가족'이라는 이름의 새 식구가 들어왔다. 이해받지 못해 누군가는 울고, 누군가는 두문불출하고, 누군가는 투사가 되어간다. 모두 각자의 방식으로 보통사람의 나라를 피해 이해받지 못한 자들의 나라에서 살아간다. 나는 여전히 그들이 아프다.

　내가 공덕동 상담 선생님에게 마음을 열기까지는 시간이

좀 걸렸는데, 섬세한 그분은 그런 내 마음을 알아차리고 있었다. 철두철미하고 침투력 높은 상담 끝에 나는 나를 오픈하지 않는 이유를 말했다.

"선생님이 과연 제가 하는 이야기를 이해하실 수 있을까 걱정돼요. 여기까지 와서도 제가 이해받지 못한다는 걸 확인하고 싶지 않아요."

물론 선생님이 이해하지 못해도 실망하거나 원망할 생각은 없었다. 나는 이미 그런 것에 익숙했고 선생님이 이해할 수 있는 부분만 상담해서 풀고 가면 그것만으로도 족하다고 생각했다. 선생님은 깊이 슬퍼하며 나를 '인정받지 않는 건 괜찮아도 이해받지 못하면 살지 못하는 사람'으로 정의했다. 한 번도 생각해본 적 없지만 듣고 보니 그럴듯했다.

대학을 졸업한 뒤 나는 불특정다수, 즉 대중을 상대로 하는 일을 꾸준히 해왔다. 1인 미디어 시대가 열리기 전부터 팟캐스트를 기획해 뉴미디어 시장에 발 빠르게 진입했다는 것은 내 자랑거리였다. 반응이 꽤 좋았고 덕분에 출판사 제안으로 첫 책을 쓴 경험은 부모를 포함해 타인의 '인정'은 그리 중요하지 않다는 감각을 안겨주었다. '하면 되는구나. 내가 가진 장점은 이런 것이구나' 느꼈다. 나에게 '이해'라는 것이 그토록 중요한 부분이었음을 짚어준 선생님에게 마음을 열었다.

"선생님, 있잖아요. 이해받지 못한 자들의 나라에 사는 사람들은 갑자기 화를 내기도 하고, 깜짝 놀랄 정도로 술을 마시기도 해요. 그걸 그 나라 밖에 있는 사람들은 분노조절장애라고 쉽게 말하고, 술에 기대 사는 못난 사람이라고 말하지만 저는 다 알 것 같아요. 그들의 마음을요. 사실 그들을 그냥 안아주면 되는데."

그렇게 내 속에 있는 이야기를 모두 꺼내놓으면서 나는 빠른 속도로 치유되고 있었다. 상담 선생님이 이해받지 못한 자들의 나라에 들어와 모든 사람을 치유해줄 수 있으면 얼마나 좋을까.

<u>3</u>

슬픔의 방문

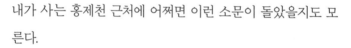

내가 사는 홍제천 근처에 어쩌면 이런 소문이 돌았을지도 모른다.

"매일 저녁 8시만 되면 7734번 버스에서 우는 여자 봤어? 좀 이상해. 어쩜 그렇게 매일 같은 시간, 같은 버스에서 하루도 안 빼놓고 우냐?"

미친 여자가 하나 산다는 소문, 아니 도시 괴담이 돌아도 이상하지 않을 만큼 나는 매일 퇴근길 버스에서 울음을 쏟았다. 큰 소리로 울지는 않았어도 코를 훌쩍이는 소리, 끅끅 울음을 참는 소리, 억눌렀다 터져 나오는 '흑흑' 소리는 숨길 수 없었다. 그간 대중교통마저 이용하지 못하던 나는 그 시기 겨우 탈것에 오를 수 있었다. 버스를 탄 이유는 상태가 나아져서라기보다 고육지책이었다. 일만 끝나면 터져 나오는 울음을 주체할 수 없었는데 택시 안에서는 그게 더 감당하기 어려웠다. 친절하고 오지랖 넓은 택시 기사의 관심은 나를 더 힘들게 했다.

일할 때는 집중해야 하니 아무 생각도 하지 못하다가 일이 끝나고 집으로 돌아가는 길이면 속절없이 눈물이 터졌다. 다시 운동을 시작해야겠다는 생각이 들었다. 그러나 헬스장에 발을 들여놓자마자 나는 러닝머신 앞에 주저앉아 하염없이 눈물을 흘렸다. 그때 깨달았다. 운동하러 나갈 수 있다는 건 그나마 살아낼 힘이 있다는 뜻이라는 걸. 주변 사람들은 힘들어하면서 축 처진 내게 "운동을 해봐. 몸을 움직여야 해"라고 조언했다. 나는 그저 옅은 미소만 지었을 뿐이다.

슬픔이 예고도 없이 자꾸만 나를 찾아왔다. 정호승 시인의 〈택배〉라는 시처럼 누가 보냈는지 모르는, 보낸 사람 이름도 주소도 적혀 있지 않은 '슬픔'이 택배로 온 것 같았다. 공청회 이후 나는 지독한 슬픔에 앓아누웠다. 머리로 도저히 이해가 가지 않는 나날이 이어졌다. 트라우마는 잔잔해졌고 죄책감도 어느 정도 내려놓았으나 무슨 영문인지 깊이를 알 수 없는 엄청난 슬픔이 몰려왔다. 마치 슬픔에 잡아먹혀 내 몸이 서서히 슬픔과 하나가 되는 듯한 느낌이었다. 혹시 내 내면에 슬픔의 바다라도 생겼나? 내 주변의 누군가가 그랬다. 내면에 가라앉은 슬픔의 우물을 자꾸만 퍼내야 한다고. 그냥 두면 조금만 바람이 일어도 파도처럼 일렁이며 휘감아버린다고. 그러니 퍼내고 또 퍼내야 한다고. 그래, 자꾸만 퍼내야 하는데…… 아득했다.

그렇게 우울증이 시작됐다

어떤 날은 참사를 전혀 겪지 않은 것처럼 평온했고 또 어떤 날은 커다란 슬픔이 찾아와 밤새워 울음을 토했다. 밤이 길다는 걸 처음 알았다. 불을 켜놓아도 밤이 몹시 두려웠다. 무언가가 나를 잡아먹을 것만 같았다. 왜인지 모르겠지만 나는 알수 없는 두려움과 불안함에 손톱을 뜯었고, 그것으로 진정되지 않아 늘 술을 마셨다. 해가 뜨는 것을 보고서야 마음이 가라앉았다. 세상을 밝히는 아침 해는 내게 안정제와 같았다. 내가 왜 이럴까. 곰곰 생각하다가 그제야 참사 초기에 정신과 전문의가 들려준 말이 생각났다. 그는 우선 트라우마를 치료할 것이며 참사를 명확히 인지하는 6개월 이후부터 1년까지 심리적으로 힘든 상황이 올 수 있다고 미리 말했었다. 내가 지금 그런 상황이구나.

과각성 반응과 신체 반응, 수면의 질 저하 등 일상을 무너뜨리는 트라우마 증상은 거의 사라지고 없었다. 정신과 전문의는 내게 3개월이 조금 지난 시점에 트라우마 치료를 완료한 것으로 보인다고 했고 이제 더 이상 PTSD 환자로 분류하지 않는다고 말해주었다.

그렇게 트라우마가 가고 나니 곧이어 다음 차례인 우울증의 문이 열렸다. 울었다가 웃었다가, 이랬다가 저랬다가, 왔다 갔다 하는 날이 계속 이어졌다. 그즈음 나는 주변인을 만날 때 가면을 쓰기 시작했다.

"나, 이제 멀쩡해. 괜찮아."

사람이 너무 힘들면 가면을 쓰게 되나 보다. 가면성 우울장애로 세상을 등진 연예인들에 관한 지난 기사와 이야기가 이제 이해가 갔다. 내 안의 고통이 엄청나게 큰데 실은 나조차도 그 고통을 이해하지 못했다. 그런 고통을 누군가에게 털어놓으면 그 짐을 타인에게 쥐어주는 꼴이라는 생각이 도돌이표처럼 머릿속을 맴돌았다. 결국 타인에게 짐이 되고 싶지 않아 말하는 것을 극도로 꺼렸다. 대신 가면을 써서 상대가 아무것도 눈치채지 못하게 기꺼이 광대가 되기를 자처했다. 전

략적으로 타인을 안심시키는 것이다. 그런 상태에서 어떤 사람은 조용하고 차분하게 삶의 끝을 준비한다.

나 역시 주변 사람들에게 좋은 점만 말하고 다녔다. 연기력은 점점 더 늘어갔다. 오히려 아무렇지 않은 척하는 것이 훨씬 편했다. 정말 내 상태를 그만 말하고 싶었고 주목받고 싶지 않았다. 그저 아무도 내게 관심을 보이지 않았으면 하는 마음으로 하루하루를 보냈다. 징징대는 것도 하루 이틀이지 상대방은 얼마나 지겨울까. 어떻게든 혼자 알아서 해결하고 싶었다.

웃는 사람을 걱정하는 사람은 아무도 없다. 그래서 나는 더 자주 웃었다. "이제 좀 괜찮아진 것 같네"라는 말을 들을 때마다 사람들을 안심시켰다는 희열도 느꼈다. 그리고 꼭 그만큼 더 우울해졌다.

그 무렵 나는 술에 절여지기 시작했다. 하루 종일 각성 상태로 지내다 집에 돌아오면 긴장이 풀리면서 외면하고 덮어두었던 감정들이 몰려왔다. 그때마다 술을 마셨다. 원래도 술을 좋아했기에 큰 문제라고 생각하지 않았다. 울었는지, 아니면 넘어졌는지 다음 날 일어나보면 온몸이 멍들어 있기도 하고 피가 나 있기도 했다. 술이 깨지 않은 채 출근하는 일도 빈번했다. 폭음 탓에 늘 구토도 달고 살았다. 기억이 끊어진 채 다음 날 일어나보면 여기저기 과자와 라면 봉지가 뜯어져 있고 술병들이 널브러져 있었다. 어느 날 친한 동생이 내 얼굴을 보더니 한동안 말을 하지 않았다. 한참 후에야 조심스레 한마디 건넸다.

"언니, 괜찮아? 지금 얼굴이 엄청 안 좋아 보여."

오랜만에 거울을 들여다봤다. 화장을 덜 지웠나 싶을 정도로 눈가는 까맸고, 입술은 바짝 말라 핏기가 하나도 없었다. 어찌나 와인을 많이 마셨던지 입술 안쪽은 퍼렇게 물들어 있었다. 꼭 저승사자 같은 몰골이었다.

현실감각이 떨어지는 것은 우울증의 대표적인 증상이다. 이 때문에 여러 부정적 상황이 발생하는데 그중에서도 나는 특히 경제 영역에 빨간불이 켜졌다. 분명 2만 6천 원짜리였던 것 같은데 한 달 뒤 내가 26만 원을 결제한 사실을 깨닫기도 했다. 0이 하나 더 붙어 있어서 매장 직원이 결제하며 실수한 줄 알았다. 확인한 결과 26만 원짜리 물건이 맞았다. 이런 일이 한두 번이 아니었다. 카드값 알림을 받아도 전혀 위축되거나 놀라지 않았다. 마치 남 일인 양 '아, 그렇구나' 하고 끝이었다.

그즈음부터 나는 기억력이 현저히 떨어졌다. 친구들과 대화한 내용을 까먹기 일쑤였고 약속도 자주 놓쳤다. 차츰 일터에 지각하는 일이 잦아졌으며 업무 능력도 떨어졌다. 경제 영역에 빨간불이 켜진 것은 단지 돈 감각이 떨어져 펑펑 쓰는 것에 국한된 게 아니었다. 무뎌진 현실감각과 시간개념 저하는 결국 경제 활동 자체를 하지 못하는 단계로 나를 내몰았다. 기어코 나는 일을 쉬는 것이 어떻겠느냐는 말을 들었다.

　그 말을 들은 날, 괴로웠던 나는 또다시 집에 가서 술을 마셨다. 그것도 독주로. 원래 맥주를 좋아했으나 당시 매일 밤 양주 한 병을 비워대기 시작했다. 그냥 잊고 싶었다. 술을 마시는 순간만큼은 그래도 잊을 수 있었다. 사람은 그렇지 않아도 술만은 나를 오롯이 위로해주었다. 그때는 잘 인식하지 못했지만 사실 나는 알코올의존이 점점 심해지고 있었다. 갈수록 귀도 잘 들리지 않았고 이명도 심해졌다. 마치 뇌가 실시간으로 죽는 느낌마저 들었는데, 어쩐지 그게 반가웠다. 힘들이지 않고 죽음으로 갈 수 있다면 그것도 나쁘지 않겠다는 생각이었다. 저녁마다 독주 한 병과 맥주 다섯 캔을 사댔으니 통장 잔액이 바닥나는 것은 시간문제였다. 줄어드는 통장 잔액이 신경 쓰이거나 겁이 나지는 않았다. 그만큼 나는 모든 것에 무감각했다. 나는 오로지 당장의 고통을 잊는 데만 몰두했다.

　TV에 희생자 158명이 아니라 159명이라는 뉴스가 올라왔을 때, 그러니까 생존했던 고등학생이 스스로 세상을 등졌다는 소식을 들었을 때, 나는 속이 텅 빈 인형이 된 것 같았다. 내 안에 아무것도 남아 있지 않은 느낌이었다. 그 순간 내가 마지막으로 붙잡고 있던 무언가가 '탁' 하고 끊겨버렸다. 그 아이가 엄마와 아빠에게 유언을 남기며 셀프 동영상을 아주 밝게 웃으면서 찍었다는 말을 듣고 그 마음이 얼마나 이해가 가던지 가슴을 퉁퉁퉁 쳤다. 나는 그날 밤 몇 번이고 가슴을 쳤다.

'그랬구나. 그래, 내가 너의 그 행동······ 어떤 의미인지 안다.'

나도 죽음으로 가게 된다면 오히려 신이 나서 채비할 것 같았다. 살아 있는 모든 것이 기쁘지 않고 슬퍼서, 살고 싶어서, 다른 세상으로 가는 길이니까 미련 없이 기쁘게 갈 준비를 할 것 같았다. 마치 소풍 가는 것처럼.

우울증은 슬픈 게 아니다

만약 내게 우울증이라는 병명을 고칠 기회나 권한이 주어진 다면 나는 과감하게 '극한의 무기력증'이라고 정정할 것이다. 내가 겪은 우울증은 '우울'하다는 단어 하나로 납작하게 표현할 수 있는 병이 아니었다. 눈을 뜨는 순간부터 온몸이 천근만근이었고 눈을 뜨고 감는 일, 밥알을 씹거나 몸을 씻는 일 등 작은 것도 할 수 없을 만큼 심한 무기력증이었다.

　드라마 〈우리들의 블루스〉에 등장하는 선아(신민아)는 우울증 당사자다. 드라마에서 선아는 깊은 바닷속에 잠겨 있다. 고요하게, 끝없이 물 밑바닥으로 추락하는 장면이 펼쳐진다. 잠에서 깼지만 침대에서 쉽게 일어나지 못하는 선아의 손

끝에서 물이 뚝뚝 흐른다. 이내 곧 머리카락과 얼굴, 온몸에서 물이 뚝뚝뚝 흐른다. 그리고 화면이 김이 서린 듯 뿌옇게 변한다. 모든 게 몽롱하고 안개 낀 듯하다. 우울증 당사자의 일상을 물속에 깊게 빠져서 온몸이 젖어 있는 듯한 상태로 표현해내는 장면을 보면서 깊이 공감했다. 나도 그랬으니까. 나도 '물속에 잠겨서 숨도 잘 안 쉬어지고, 답답한데 몸은 무겁고 일어날 수조차 없는 그런 기분'을 느꼈으니까.

그러나 그 드라마에는 내가 반박하고 싶은 장면도 있었다. 우울증을 '극강의 슬픔'에 허우적거리는 상태로 표현한 대목이 대표적이다. "슬퍼해도 되는데, 슬퍼만 하지 말란 말이야!"라고 소리치는 이병헌을 보면서 나는 차라리 슬픔을 느끼는 것이었으면 좋겠다고 생각했다. 왜 이렇게 슬픈 걸까 하고 고민이라도 할 수 있으면 좀 살겠다고 혼잣말도 했다.

직접 앓아보기 전에는 나도 우울증을 '슬픈 감정을 조금 심하게 느끼는 것'으로 인식했다. 겪어보니 우울증은 슬픔과는 거리가 멀었다. 슬픔을 비롯해 모든 감정이 아예 소멸하는 것이 우울증이었다. 어떠한 자극에도 반응하지 않고, 기쁘지도 않고, 고맙지도 않고, 감동스럽지도 않고, 슬프지도 않고 그냥 감정이 텅 비어버린 것만 같았다. 감정이 있어야 할 자리에 아무것도 남지 않고 구멍이 뻥 뚫렸다. 우울증을 왜 '병'이라고 하는지 이해가 갔다.

그 무렵 나는 일명 '어쩌라고' 병에 걸렸다. 어떤 상황에든, 어떤 말에든 '어쩌라는 거지?'라는 생각만 들었다. 감정을 느끼지 못하니 그 무엇에도 공감할 수 없었다. 나는 자주 '아, 귀찮아. 정말 따분하고 지겹다'라고 생각했다. 친구들을 만나도, 사람들과 대화를 나눠도 모든 것이 재미없고 지루하게 느껴졌다. 어쩌다 친구들이 슬픈 이야기를 하면 '내가 겪은 슬픔에 비하면 별것 아닌 거 같은데'라고 생각하며 공감하지 못했다. 친구가 시시콜콜 연애 이야기를 하면 '지금 연애가 중요한가. 쟤는 살만한가 보네'라는 감정이 올라왔다. 일상의 모든 대화와 주제가 지겹고 넌덜머리났다. 어쩌라는 건지 도대체 알 수 없으니 타인이 원하는 반응을 보이지 못했고 나는 그렇게 의사소통이 어려운 사람이 되어갔다.

그와 함께 점차 대인기피 증상이 나타났다. 주변 사람들과 소통하지 못하는 바람에 사회적 기능이 떨어지고 있음을 스스로 느꼈기 때문이다. 사람들이 모여 있는 곳에 가면 현재의 내 힘든 상태를 사람들이 눈치챌까 봐 두렵기도 했다. 심지어 사람들이 나를 이상한 사람 취급할까 봐 불편하고 싫었다. 내게는 모든 사람이 불안 요소였다. 그러다 보니 사회적 상황을 가능한 한 회피하기 시작했다. 아무도 만나지 않으면 아무 일도 일어나지 않았으니까. 나는 자주 혼자가 되었다.

상담 선생님은 그것이 감당할 수 없는 수준의 심한 고통을 겪은 사람에게 일어나는 자연스러운 반응이라고 했으나 그때는 그 말도 지루하고 뻔하게 느껴졌다. 그처럼 모든 것에 시큰둥하고 냉소적으로 변해갈 때쯤 내가 친구들에게 물었다.

"너는 왜 살아? 사람들은 왜 살지?"

이걸 농담으로 받아들였는지 친구들은 웃어넘기며 대답했다.

"그렇다고 죽냐? 죽지 못해 사는 거지."

내가 물어본 사람마다 대답이 똑같았다. 죽지 못해 산다! 그럼 죽을 수 있으면 얘기가 달라질까? 죽을 용기가 없어서 죽지 못하는 거라면 죽는 게 두렵지 않은 나는 죽으면 되겠다! 기뻤다. 드디어 답을 찾은 것 같았다. 살아 있을 이유를 몰라서 죽고 싶었다. 다만 남아서 그걸 감당해야 할 사람들이 걱정스러울 뿐이었다.

어쨌거나 나는 내가 찾은 답을 위해 죽음을 기쁘게 맞이할 준비를 하기로 했다. 죽을 생각을 하니 오히려 마음이 편해졌다. 전보다 더 잘 웃을 수도 있었다. 참사 이후 나는 계속 집에 가고 싶었다. 하지만 나는 내 집에서도 편히 쉴 수 있는 '집'을 찾지 못해 늘 방황하는 기분이었다. 이제야 비로소 집으로 돌아갈 수 있을 듯했다. 그 집은 죽음으로 건너가 만나는 다른 생에 있었다. 드라마에서 우울증을 표현한 것처럼 늘 물속에 잠겨 있던 나는 하루하루가 몹시 답답했다. 뭍으로 나가 숨을 쉴 수 있다면 그렇게 하고 싶었다. 숨을 쉴 수 있는 유일한 방법이 죽음이라면 난 기꺼이 그것을 선택할 것이라고 마음먹었다.

죽음을 준비하면서 나는 그동안 만나지 않던 친구들을 만났다. 그들과 엄청나게 웃고, 떠들었고, 클럽에도 갔다. 미친 듯이 수다를 떨었고 아주 크게 웃었다. 그러면서 내 눈에 친구들의 모습을 꼼꼼하고 정성스럽게 담았다. 그간 나를 만나 함께 놀아줘서 고마웠어. 나는 '웃는 모습만 잘 간직해야지' 하면서 집으로 돌아갔다. 정말 죽고 싶었고, 죽을 생각이었기에 주변에 알리지도 않았다. 내 상태를 알리면 뜯어말릴 테니까. 나는 이미 결정했고 모든 걸 정리하고 있었다. 마치 소풍이라도 떠나듯 죽음을 준비했다.

그렇게 숨긴다고 숨겼지만 자살하려는 생각이 의도치 않게 툭 터져 나온 적이 있다. 그날은 평소 내가 좋아하던 아이돌이 갑작스럽게 세상을 등진 날이었다. 그 사건의 영향을 받은 것일까. 나는 그날 매우 힘들었고, 초등학교 때부터 오랜 절친이던 S에게 이런 메시지를 보냈다.

'있잖아, 사실 죽음이라는 게 엄청나게 큰 결심이 필요한 게 아니다? 그냥, 아 이제 죽어볼까? 내 할 일을 다 했으니 이제 죽어볼까 하는 거야. 배고프면 자연스럽게 밥 먹듯이.'

아, 괜히 말했다. 말하자마자 후회했다. 그런데 친구는 예상치 못한 답을 했다.

'응 초롱아, 그렇구나. 그런데 그런 생각이 들 때마다 그냥 지금처럼 이야기해줘.'

언젠가 이런 말을 들었던 것이 기억난다.

"자살을 생각하는 사람들은 반드시 어떤 식으로라도 티가 나게 마련이다. 우리가 그것을 잘 알아차리는 것이 중요하다."

내가 세상 저편으로 멀어져갈 때면 나는 언제나 내 사랑하는 사람들에게 끌려와 현실에 발이 닿았던 것 같다. 그들이 알아차려준 덕에 나는 살 수 있었다. 이번에도 그랬다. 말리지도, 뭐라고 하지도 않을 테니 그냥 있는 그대로 그때마다 말을 해달라는 친구의 말이 나를 살게 했다. 응급처치를 받은 기분이었다.

선생님, 아무래도 저는 망한 것 같아요

공덕동 상담 선생님을 찾아가야겠다고 마음먹은 것은 어느 날 자다가 일어났을 때, 내 앞에 펼쳐진 광경 때문이었다. 코를 찌르는 듯한 역겨운 냄새에 눈을 떴는데 입가에 토사물이 쌓여 있었다. 머리카락은 축축했다. 옆으로 누워 자다가 구토한 모양이었다. 술이 깨지 않은 상태로 비틀비틀 걸어가서 화장실 문을 열었다가 마찬가지로 코를 찌르는 썩은 냄새와 마주했다. 여러 벌 쌓인 속옷 위에 곰팡이가 피어 있었다. 속옷을 화장실에 벗어놓은 채 치우지 않고 샤워를 하는 바람에 고인 물이 썩으면서 속옷까지 썩은 것 같았다. 그걸 보고 놀라기는커녕 웃음이 났다. '진짜 제정신이 아니구나' 싶었다.

뒤를 돌아 거실을 바라보니 이태원 참사 직후 무너졌던 일상이 그대로 재현되어 있었다. 아니, 그때보다 더 심각했다. 바닥에 라면은 왜 뿌려져 있는지 알 수 없었다. 새벽에 먹으려다 놓친 걸까. 옷은 라면 국물로 다 얼룩져 있었다. 그 상태로 침대에 들어가 잠을 잔 탓에 침구도 엉망이었다. 그런데 치울 힘이 나지 않았다.

또다시 속이 메스꺼워 구토하던 중 이번에는 코피가 터졌다. 그냥 주르륵 흐르는 게 아니라 폭포수처럼 쏟아졌다. 나는 놀라지도 당황하지도 않았다. 그냥 남 일 같았다. 코피가 수도 꼭지를 튼 것처럼 터지기도 하네. 코피는 30분 넘게 멈추지 않았다. 입고 있던 티셔츠 앞섶이 피로 다 물들었을 때, 그제야 병원에 가야겠다는 생각이 들었다. 나를 진료한 의사 선생님은 깜짝 놀라며 식도가 다 헐었다고 말했다.

"혹시 구토했어요?"

"네."

"반복적으로 했어요?"

아무 대답 없이 가만히 있었다. 어렴풋이나마 상황이 심각하다는 것을 알아챘다. 그 순간 문득 공덕동 상담 선생님이 떠올랐다. 휴대전화를 들고 문자 메시지를 보냈다.

'선생님, 저예요. 가도 돼요? 오늘이요. 지금 당장이요.'

내 기억엔 없지만 나는 이전에 이미 선생님께 간다고 약속을 잡아놓고도 몇 번이나 연락도 없이 가지 않았다. 변명처럼 들리겠지만 약속한 기억도, 내가 그곳에 가기로 한 기억도 없었다. 그저 선생님이 왜 오지 않느냐고 연락하시면 그제야 내가 그랬나 싶은 게 다였다.

집에서는 도저히 몸을 정돈하고 옷을 챙겨 입을 수 없을 것 같아 목욕탕에 갔다. 세신을 받고 사우나도 했다. 그렇게 나는 오랜만에 깨끗이 씻고 새 옷으로 단장한 뒤 상담 센터로 향했다. '오늘은 선생님께 다 말해야지. 그간 있었던 일을 다 말하는 거야. 선생님은 날 이해해줄 거야. 어떻게 고쳐나갈지 의논해야지. 분명 희망이 있을 거야.' 그런데 내려야 할 곳이 어디였는지 기억나지 않았다. 그때 버스에서 다음 정거장이 '공덕사거리'라는 안내 방송이 나왔다. '공덕사거리. 그래, 공덕사거리지. 맞아.'

공덕사거리에서 내렸다. 내리고 보니 버스정류장도 익숙했고 횡단보도를 건너 쭉 직진해야 한다는 것이 생각났다. 직진했다. 15분쯤 걸었나? 이제 센터 건물이 나와야 하는데, 낯설었다. 멈춰 서서 뒤를 돌아봤다. 그리고, 갑자기 길을 잃었다. 그냥 뒤를 돌아봤을 뿐인데 느닷없이 세상이 나를 중심으로 빙글빙글 도는 것만 같았다. 순간 여기가 어딘지 모르겠는 기분에 휩싸였다.

갑자기 심장이 세차게 뛰고 어찌해야 할지 몰라 무작정 빠른 걸음으로 왔던 길을 돌아갔다. 여전히 내가 어디에 있는지, 센터에 가려면 어디로 가야 하는지 알 수 없었다. 옆길로도 가보고 대각선으로도 가봤다. '어떡해, 어떡해' 하고 속으로 되뇌며 미친 듯이 공덕동 일대를 돌아다녔다. 땀이 비 오듯 흐르고 눈물이 날 것 같을 때쯤 횡단보도에 서 있는 사람들이 휴대전화로 메시지를 보내는 것이 눈에 띄었다. '아, 맞다. 내 휴대전화.' 잊었던 휴대전화가 생각났다. 바지 주머니를 뒤적거려 휴대전화를 꺼냈지만 배터리가 없었다. 그 무렵 나는 휴대전화 배터리를 충전하는 일도 자꾸 잊었다. 당연히 휴대전화는 자주 꺼졌다. 꺼진 채로 하루를 보내는 일도 잦았다. 휴대전화마저 켜지지 않자 나는 더욱 혼란에 빠져들었다. 또래로 보이는 여자에게 다가가 길을 잃었다며 ○○○ 심리 상담소를 검색해달라고 조심스레 부탁했다.

알려준 방향으로 무작정 걸었지만 역시나 어딘지 모르겠는 미로뿐이었다. 어찌할 바를 몰라 멀뚱멀뚱 서 있는데 저 멀리 경찰서가 보였다. 경찰에게 가야겠다고 생각하며 터벅터벅 걷고 있을 때 누군가가 뒤에서 어깨를 톡톡 쳤다. 중년 여성, 그러니까 엄마보다는 나이가 좀 더 있어 보이지만 노인은 아닌 젊은 할머니였다. 그분이 내게 물었다.

"무슨 일이에요?"

보통 때라면 그 질문을 이상하게 여겼을 테지만 전혀 이상하게 느껴지지 않았다. 그저 나를 구원해줄 천사 같아 보였다.

"길을 잃었는데, 음…… 잘 못 찾겠어서. 선생님이랑 4시에 만나기로 했는데, 휴대전화도 꺼져서…… 선생님이 저를 기다리실 거예요."

그분은 횡설수설 대답하는 내 손을 붙잡더니 데려다주겠다고 했다. 천천히 걸어 3분이면 도착하는 거리의 센터 1층까지 데려다준 그분은 대뜸 이런 말을 했다.

"아가씨, 저기…… 화장실을 먼저 들르는 게 좋겠어요."

이게 무슨 소리지 하는 순간, 무언가가 느껴졌다. 바지가 축축했다. 생리가 터졌나 보다 하고 화장실로 들어갔다. 속옷은 깨끗했고 입고 있던 청바지가 엉덩이 부분부터 가랑이 밑까지 다 젖어 있었다. 오줌을 쌌구나, 내가. 글을 쓰는 지금 이 순간에도 그때를 떠올리는 게 괴롭지만, 내가 그랬다. 서른이 넘은 나이에 선 채로 오줌을 누었을 거라고는 상상도 하지 못했거니와 있을법한 일도 아니라서 어떻게 대처해야 할지 몰랐다. 화장실을 나와 바로 옆 편의점에 들러 생리대를 샀다. 속옷이 축축할 때 생리대를 쓰는 것에 익숙했으니까. 그렇게 다 젖어버린 바지와 속옷 위에 생리대를 하고 화장실을 나왔다. 나를 데려다준 중년의 여성은 아직도 건물 입구에 서 있었다. 감사 인사를 해야겠다는 생각이 들었다. 그분은 나를 보더니 "아이고, 춥겠다" 하며 답답해서 벗어 손에 들고 있던 내 후드티를 허리춤에 둘러주었다. 말없이 조용히 감싸는 느낌으로. 그리고 내게 무언가를 건넸다. 팬티형 생리대였다. 바지가 젖어서 일반 생리대는 의미 없을 테니 그걸 입으라고 했다.

다시 화장실에 들어가 갈아입었다. 곧이어 선생님이 많이 기다리시겠다며 얼른 가라는 말을 듣고 떠밀리듯 엘리베이터에 올랐다. 내가 마치 생명 없는 물건 같았다. 그 '물건'은 선생님이 있는 11층으로 스르륵 옮겨졌다. 11층에 내렸으나 갑자기 호수가 생각나지 않았다. 한참을 헤매다 간판을 보고 겨우 찾아내고는 딩동 하고 벨을 눌렀다. 문이 열린 뒤 나와 맞닥뜨린 선생님 표정이 여전히 선명히 기억난다.

"아이고, 왔으면 됐어요. 진짜로 왔으면 됐어. 걱정 많이 했어요. 전화기도 꺼져 있고. 어서 들어와요."

내 허리춤에 왜 후드티가 감겨 있는지, 무슨 일이 있었는지 선생님께 말하지 못했다. 선생님을 만나자마자 다시 현실로 돌아온 감각이 명확히 느껴졌다. 어안이 벙벙하다가 현실이 느껴지기 시작하면 그것을 소화하느라 차마 말을 꺼내지 못한다. 잠깐 길을 잃었다고, 늦어서 죄송하다고만 말했다. 그리고 생각했다.

'선생님, 아무래도 저는 망한 것 같아요.'

있잖아. 할머니, 보고 싶어

나는 할머니 손에서 자랐다. 워킹맘, 워킹대디 사이에서 나를 먹여주고 입혀주고 키워준 사람은 할머니였다. 할머니는 남아 선호 사상이 강한 일제강점기에 태어났지만 그래도 손녀들을 예뻐했다. 특히 할머니는 내가 속상해서 울 때면 자신만의 방법으로 나를 어르고 달랬다. 내가 어렸을 때 할머니는 호랑이 같은 엄마가 "어머니, 비켜보세요. 혼내야 해요"라고 하면 "혼낼 것도 많다. 그만해!"라며 나를 등 뒤에 숨겨주던 큰 산이었다.

〈나 혼자 산다〉에서 기안84는 자기 할머니를 떠올리며 "할머니들은 다 받아주잖아. 다 들어주고"라고 말한 적이 있다. 내 할머니 역시 다 받아주고 사랑만 주었다. 할머니랑 집에서 노는 시간은 늘 재밌었다. 한글을 깨치지 못한 할머니는 유행가 가사로 한글 공부를 했다. 초등학교 시절 할머니와 나는 함께 노트에 한글을 적으며 놀았는데, 내가 "할머니 이름은 '나채옥'이에요. 이렇게 쓰는 거야"라고 알려준 뒤 학교에 다녀오면 노트에 '나채옥, 나채옥, 나채옥, 나채옥, 나채옥, 나채옥, 나채옥' 하고 빼곡하게 써두었다.

할머니는 노래 가사로 한글 공부하는 걸 참 좋아했다. "님이라는 글자에 점 하나만 찍으면 남이 되어버린다"는 유행가가 그렇게 좋다면서 그 가사를 반복해서 적기도 했다. 내가 삐뚤빼뚤한 할머니의 글씨를 놀리며 "할머니한테 '님'은 할아버지였나? 할아버지 돌아가셔서 그립고, 보고 싶고 그래?" 하고 물으면 "그립긴! 망할노무 영감탱이 일찍 잘 죽었지, 뭐" 하고 심드렁하게 대답하시던 기억도 눈에 선하다.

내게 그토록 큰 존재였던 할머니가 어느 순간 치매를 앓기 시작했다. 며느리 이름은 기억하지 못해도 내 이름은 기억하며 "초롱이냐?" 하던 그때, 할머니는 "너는 어려서 엄마가 출근하는 걸 보고도 엄마를 붙잡지 않고 쳐다보다가 엄마가 나가면 조용히 내 등에 얼굴을 묻고 흑흑 우는 애였다"라는 말을 백 번도 넘게 들려줬다. 조금 지겹긴 했지만 나는 할머니가 목소리 내어 이야기하는 것만으로도 좋았다. 그러다가 결국 자리에서 일어나지 못하고 하루 24시간 내내 누워 지내야 했을 때, 나는 기꺼이 할머니의 기저귀를 갈고 대소변을 받았다. 손 하나 까딱하기 힘들어하던 할머니는 내가 기저귀를 벗기자 파르르 떨리는 두 손을 모아 천천히, 아주 천천히 자신의 성기를 가렸다.

아흔다섯 노인도 자신이 키운 손녀가 기저귀를 갈아주는 것이 부끄러울 수 있다는 생각은 하지 못한 채, 나는 할머니를 귀여워하며 "할머니, 뭐 이런 걸 부끄러워해! 괜찮아" 하고 넘겼었다. 내가 공덕동 사거리 한복판에서 선 채로 실수한 날, 선뜻 나를 도와준 그 중년 여성은 누굴까. 혹시 돌아가신 할머니가 내 곁에 잠깐 와주신 게 아닐까. 마치 할머니가 부끄러워하지 말라고, '네가 예전에 나한테 말한 것처럼 괜찮은 일'이라고 다독여준 것 같았다. 뒤늦게 몰려온 수치스러움을 달랠 길 없어 힘들어하던 내내 나는 할머니가 몹시도 그리웠다.

"누구나 재난을 겪을 수 있습니다"

2023년 3월과 4월로 기억하고 있다. 나는 왜 하필 내가 참사를 경험하게 된 것인지, 나에게만 왜 이렇게 큰 시련이 닥친 것인지 생각하며 고통스러워하고 있었다. 아무런 사고도, 아무런 사건도 겪지 않은 평범한 사람들이 부러웠다. 언젠가 공덕동 선생님에게 "평범한 삶을 살고 싶어요. 미친 듯이 평범해지고 싶어요"라고 말했던 게 기억난다. 선생님은 내게 "특별한 일이 내게만 발생했다고 생각하는 것 같다"라고 말했다. 그 순간 나는 욱하면서 "다른 사람들은 이런 일 겪지 않았잖아요!" 하고 말했다.

세상 따듯한 그 선생님은 그때 흥분한 나를 가라앉히며

"사람들에게는 각자 그 사람 나름대로의 사정과 재난이 있답니다"라고 말했다. 그날 집에 돌아온 나는 참사 초기 구청 센터 선생님이 준 선물 꾸러미를 다시 열어보았다. 많은 선물 중에서도 심신 안정에 가장 도움을 준 것은 컬러링 북이었다. 정해진 대로 색을 채워 칠하는 행동은 내게 위로를 주었다. 그래서 컬러링 북을 찾기 위해 선물 꾸러미를 뒤적이다가 우연히 국가트라우마센터가 제작한 안내서를 발견했다. 재난과 트라우마에 관한 내용이었다.

"우리는 살다가 누구나 재난을 겪을 수 있습니다. 내게만 일어나는 일이 아닙니다. 언제나 내게 재난이 닥칠 수 있다는 생각을 평상시에 훈련해야 합니다."

머리가 띵했다. 아니, 이 좋은 말을 왜 재난이 터지고 나서야 알려주는 거야? 내가 재난이나 참사를 매우 특별하게 생각한 까닭에 더욱 힘들어한 것이라는 생각이 들었다. 재난이나 참사는 누구든 겪을 수 있으며, 미리 훈련하면 트라우마로 인한 고통의 시간을 견디고 대처하는 데 많은 도움을 받을 거라는 생각이 번뜩 들었다. 동시에 낮에 상담 선생님이 들려준 말이 새삼스러웠다. 사람들에게는 각자 나름의 사정과 재난이 있다는 말. 선생님은 사람들이 자신의 고통을 굳이 타인에게 말하지 않아 모르는 것뿐인지도 모른다고 덧붙였다. 문

득 주변을 돌아봤다. 그제야 고통을 겪은 내 곁의 친구들이
보였다.

* * *

"나, 아빠 없는데? 나, 아빠 없어."

내가 참 좋아하는 J에게 이 말을 처음 듣던 날, 깜짝 놀란
나는 어색함을 지우려고 "야, 술이나 마셔!" 하고 더 세게 술
잔을 부딪쳤다. J는 유머러스하고, 밝고, 인간적이고, 따뜻하
고, 무엇보다 성실하고 선했다. 정이 많아 귀찮을 정도로 치대
는 아이. 그렇지만 나는 귀찮게 구는 그 아이의 치댐이 은근
히 좋았다. 그때 우리가 웃기는 말을 했는지, 서로를 놀렸는지
모르겠다. 장난 섞인 대화를 주고받다가 "야, 네가 그렇게 양
아치 짓 하는 거 엄마랑 아버지가 아시니?"라고 했는데, J는
아무렇지 않게 아빠가 없다고 했다. 아빠가 없다는 말에 감각
이 예민한 나는, 무언가를 느꼈다. 조금 시간이 흐른 뒤 술기
운의 힘을 빌려 다시 묻자 J는 이렇게 대답했다.

"처음부터 없었던 건 아니고. 뭐 언제, 언제까지는 화목했
어. 그런데 기억도 나지 않아. 몰라, 하여간 지금은 아빠 없어."

단순하게 돌아가신 것이 아니라는 느낌이 왔을 때 나는

230

더 이상 묻지 않았다. 그러다 J의 생일을 축하하기 위해 모여 우리 집에서 파티를 열기로 한 날이었다. 행복하게 즐기며 맘껏 웃던 시간이 지나고 친구들이 모두 잠든 뒤 J가 먼저 이야기를 꺼냈다. 화목했던 가정이 힘들어진 순간과 돌아가시기 직전까지 자신과 엄마, 오빠를 힘들게 한 아버지 이야기를. 사업을 크게 하던 아버지가 무너지고 경제 상황이 나빠진 건 그럭저럭 참을만했으나 이후 이어진 아버지의 실수는 용서하기 어렵다고 했다.

"너무 미워서 아버지가 그냥 저대로 죽었으면 좋겠다고 생각하기도 했어. 오빠한테도 말했던 것 같아. 우리 그냥 저대로 두고 나가자고."

J의 말에 나는 J를 끌어안고 오래도록 울었다. 고생했겠다고, 너무 속상했겠다고 말하며. 내가 그런 상황을 친구들과 공유했느냐고, 모두가 알고 있느냐고 묻자 J가 이런 말을 했다.

"언니, 인생에서 너무 큰 일이 벌어지잖아? 그럼 주변에 연락할 기력도 없어. 지금 당장 터진 사건들 수습하는 것만으로도 힘들어 죽을 지경인데, 친구들한테 상황 설명하고 어쩌고저쩌고할 정신이 어딨어. 그래서 오는 연락도 다 받지 못하고 의도치 않게 답장도 못 했어. 근데 한 친구가 '야, 너는 연락도 없고 서운하다'라는 메시지를 보내더라고. 그 연락을 받고 그냥 어이가 없어서 웃음만 나왔어. 누구는 죽을 듯이 힘들고 고통스러운데 고작 연락이 없다는 이유로 서운하다는 소리를 하니까. 참 살만해서 그렇구나 싶었어. 결국 혼자 극복해내야 한다는 건 알아. 외로운 싸움이지 뭐. 그때 '아, 인생은 혼자 사는 거구나' 하고 느꼈어. 타인은 타인이야. 힘든 일 겪어보지 않으면 힘든 일이 생길 수 있다는 것을 상상하지도 못하는 것 같아."

J는 내가 참사를 겪었다는 사실을 알고 나서 우리 집으로 식사를 주문해주는 방법으로 나를 위로하고 도왔다. J는 알고 있었다. 인생이 크게 흔들리면 스스로 밥을 챙겨 먹는 것 자체가 불가능하다는 것을. 누가 떠먹여야 겨우 먹을 수 있는 일련의 상황을 아는 사람은 이토록 구체적으로 위로를 해준다. 그때 J가 말했다.

"내가 받아본 위로 중에서 가장 위로가 된 방법이라 언니한테도 해. 밥 챙겨 먹으라는 말엔 힘이 없는 것 같아. 나도 힘들 때 그냥 입에다 밥 떠먹여 주는 사람들이 그렇게 고맙더라. 밥을 해다 줘야 하는 사람도 있는 거야. 내가 멀리 있어서 이렇게 할게. 언니 곁엔 내가 있어, 꼭 힘내."

나는 J에게 "너, 그때 힘들었던 사건 어떻게 극복하고 이겨냈니?" 하고 물었다. J는 아주 명랑한 목소리로 "아, 맞다! 그런 일이 있었지!"라고 말했다. 그러더니 사실은 아직도 그때 일을 지워가는 중이라고 했다. 지울 수만 있으면 지우고 싶어서 일부러 스스로 기억하지 않으려 노력하는 것 같기도 하다고. 아직 아프다고.

그래도 J는 아버지를 그리워했고 사랑했다. 인정하기 싫어도 아버지를 많이 닮은 자기 모습을 느끼는 순간마다 아버지를 떠올렸다고 했다. 아버지를 싫어하고 지워버렸지만 어린 시절 자신을 행복하게 해주고 예뻐하던 모습이 문득문득 생각이 나는 건 어쩔 수 없었다.

J의 이야기를 'J는 그렇게 아버지를 삭제했다'로 마무리했다가 J가 어린 날의 아버지를 그리워한다는 사실을 알고 문장을 수정했다. J는 그렇게 아버지를 '편집'했다.

* * *

2018년 모 방송국 아나운서 공채 시험을 보러가던 날, 나는 D를 정말로 오랜만에 만났다. D는 아나운서를 준비하면서 나와 같이 학원에 다니고 공부한 친구였다. 누가 봐도 D는 똑똑하고 총명했다. 모두가 그런 건 아니지만 아나운서 학원은 그야말로 미모를 자랑하는 사람들의 집합소나 마찬가지였다. 그런 환경에서 D는 수수했고 투명했으며 정직했다. 나는 처음 아나운서를 준비하던 시절을 D와 함께 보낸 걸 행운이라 생각한다. D가 있었기에 나는 처음부터 너무 쉽게 세상과 타협하거나 타인으로 인해 흔들리지 않을 수 있었다.

D는 필요한 말을 정제해서 할 줄 알았는데, 남에게 사랑받기 위해서나 특정 이익을 대변하기 위해서가 아니었다. 덕분에 나는 다양성을 존중하려면 내 안에서 말을 여러 번 곱씹어 내뱉을 줄 알아야 한다는 것을 배웠다. 나는 일부러 '양쪽에서 욕먹기 딱 좋은 것 아니냐'고 놀렸지만 D는 그런 것은 두렵지 않다고 했다. 그러면서도 꼭 필요한 말은 놓치지 않고 분명하게 하는 D를 보며 나는 '저런 사람이 메인뉴스 아나운서가 되어야 하는 것인지도 모르겠다'라고 생각했다.

상대적으로 화려하고, 밝고, 웃음 많은 예능이나 스포츠 MC가 잘 어울리는 나와 달리 D는 정말 올곧았다. 중간중간 써내는 리포트 형식의 뉴스 멘트를 보고 '기자를 해도 정말 잘하겠구나'라는 생각을 했을 만큼 나는 늘 D에게 감탄했다. 가끔은 혼자 D의 미래를 상상하며 즐거워하기도 했다. 그렇게 우리는 2014년 청춘을 함께 보냈다. 2015년부터 나는 프리랜서 방송 활동을 시작했는데 돌연 D가 사라졌다. 아무 말도 없이. 그때는 내가 첫 책을 집필한 시기라 너무 바빴던 탓에 D가 왜 사라졌는지, 그 총명하던 아이에게 무슨 일이 생긴 건지 챙길 여력 없이 그저 내 삶을 살아내느라 여념이 없었다.

그러다가 2016년 D와 연락이 닿았다. 고속터미널 상가에서 일한다고 했다. 그냥 집안 사정으로 그 일을 시작했다는 말끝에 아버지가 아프시다고 했다. 암이랬다. D는 그래서 아버지가 하시던 일을 자신이 대신 할 수밖에 없었다고 말하며 웃었다. 도매로 각종 방향제와 디퓨저를 취급한다며 직접 만든 디퓨저를 하나 보내주고 싶다고 했다. 나는 집으로 보내준 디퓨저 향을 맡으며 D를 생각했다. 미뤄 짐작하건대 내 행보를 진심으로 응원하는 마음으로 보낸 것 같았다. 어쩌면 자신이 도중에 포기한 꿈을 향한 미련을 이런 식으로나마 달래는지도 몰랐다. 나는 그 마음이 아쉽고 안타까워 D에게 틈틈이 연락했다.

그로부터 2년이 지난 2018년 MBC 공채 시험장에서 다시 D를 만났다. 정말로 반가웠다. 나는 "드디어 네 자리를 찾는구나. 정말 잘 어울려, 진심으로"라면서 그녀를 맞이했다. 오랜 공백 끝에 다시 도전한 터라 많이 긴장한 듯했으나 D는 행복해 보였다. 정직하고, 수수하고, 신뢰가 가는 모습이었다. 나도 그 모습에 저절로 미소가 지어졌다. 나는 알고 있었다. 공채 아나운서가 내게 맞지 않는다는 것을. 내 성격과 기질대로 프리랜서 활동을 하며 끼를 뽐내는 게 맞는다는 것을. 공채 결과, 예상대로 나는 2차에서 탈락했고 D는 당당히 카메라 테스트에 합격했다.

D가 어떤 결과를 얻었는지 궁금했지만 우리는 각자의 길을 걷느라 또다시 연락이 끊겼다. 그러다 오랜만에 연락이 닿았는데 아쉽게도 그날 이후 어쩔 수 없이 꿈을 포기했다는 이야기를 들었다. 이번에는 엄마가 쓰러지셨다. 아버지의 암 투병보다 더 힘든 간병 생활을 하고 있다는 D의 얘기를 듣고 나는 속으로 하늘을 원망했다. 하늘도 무심하시지. 그 착하고 세상에 필요한 아이를.

엄마가 많이 아파서 의사소통도 힘들고 그저 누워 있을 수밖에 없는 상태라고 했는데, D가 얼마나 크게 고생하고 있을지 상상조차 가지 않았다. 그저 내가 치매에 걸린 할머니를 간병하던 때와 비슷할까 추측할 뿐이었다.

아버지 투병 때와 달리 D는 시간이 갈수록 변해갔다. 가끔 만날 때마다 금방이라도 울 것 같은 슬픈 눈빛이었지만 절대 울지는 않았다. 한눈에 봐도 긴 슬픔을 오래 참고 있는 듯했다. 그렇지만 D는 매번 내게 '괜찮다, 괜찮다' 했다. 그러면서 자신의 꿈을 이루려고 노력하는 곁의 친구들을 끊임없이 응원해줬다. 절대 꿈을 포기하지 말라는 말과 함께. 내 꿈을 진심으로 지지해주는 친구가 있다는 것은 커다란 축복이었다. 나는 D에게 지지받을 때마다 되물었다.

"네 꿈은? 너도 늦은 게 아니야, 포기하지 마."

이후 참사를 겪고 힘든 시간을 보낼 때 나는 D에게 너는 어떻게 그 시간을 버텼냐고 물었다. D는 고통을 이겨내거나 극복하지 못했다고 대답했다. 그냥 그때그때 고통과 정면으로 마주했을 뿐이라고 했다. 왜 내게 이런 일이 일어날까, 왜 하필 나인가 하는 생각이 들기도 했지만 계속 원망만 하면 끝도 없을 것 같았다고 했다. 그러면 결국엔 스스로 세상을 저버릴 것 같았다고. 그나마 그 시간을 버티게 해준 것은 생각에 깊이 파고들지 않고 단순하게 해야 할 일에 몰두한 것이었다고 했다.

주위의 많은 친구들이 고통을 극복하는 방법으로 바쁘게 사는 쪽을 택했다고 했지만 그때마다 나는 생각했다. 바쁘게 살고 싶어도 몸이 아예 움직여지지 않는 상태에서는 어떻게 해야 할까. 얘들아, 마음이 병들어버리면 어떻게 치유해야 하지? 내가 이렇게 물었을 무렵 D가 내게 편지를 보내왔다.

초롱에게

"꿈이 뭐야?"

초롱이 내게 물었다. 나는 그때 아파 누워 있는 엄마의 간병 생활을 한 지 2년 차에 접어들었다. 초롱의 질문들은 가끔 너무 순수하고 원색적이라 날 아프게 했고 슬프게도 했다. 꿈이 뭐냐는 말에 나는 한숨을 내쉬었다. 나를 드러내야 하는 질문이었으니까. 나를 드러내는 것을 힘겨워하는 내게 그 질문은 복잡했다. 나뿐 아니라 지금 내가 처한 상황까지도, 사연까지도 모두 구구절절 설명해야 하는 질문이었고 그 과정은 내게 너무 수치스러웠다. 그래서 그 질문을 아무렇지 않게 하는 초롱이 미웠다. 하루하루 내게 주어진 간병과 감당해야 하는 일투성이인 내게 꿈은 사치였다. 애써 외면하고 있는 내 상황을 꼭 들춰내 물어보는 초롱은 내게 너무 아팠지만, 신기하리만큼 투명한 그 애를 멀리하고 싶지는 않았다. 가끔은 그저 철없는 어린애의 순수한 질문 정도로 치부하고 넘긴 적도 있다.

그러나 이번에는 그럴 수가 없었다. 초롱이 거기에 있었다는 것을 알았으니까.

매년 핼러윈이 되면 초롱은 SNS에서 항상 괴상한 꼴을 하고 나타났다. 그것도 어디 가서 뽐내는 것이 아니고 이태원 거리에서, 술집에서 소소하게 친구들과 사람들을 웃기는 형태로. 나는 그날도 초롱이 그랬을 것이라고 생각했다. 그래서 그 뉴스를 보고 몇 년 만에 초롱에게 메시지를 보낸 것은 반쯤 충동적이었다.

'너, 어디야?'

초롱과 나는 아나운서 학원에서 처음 만났다. 시험 날, 긴장을 풀기 위해 조용히 숨을 고르는 내 옆에서 목을 푼다고 록밴드 동아리에서 공연했던 노래를 불러대는 초롱과 나는 인간상의 양극단이었다. 그래서일까, 우리가 도달한 곳은 서로 달랐다.

초롱이 꿈을 이뤄 아침 방송을 시작할 때쯤이었다. 나는 암에 걸린 아버지를 대신해 아버지의 가게를 지켜야 했다. 아나운서 준비생으로서 가지고 있던 옷들은 모두 정장 원피스라서 과하고 화려했다. 시장에서 장사를 시작한 내게 그런 옷들은 필요하지 않았지만 나는 그 옷들을 버리지도, 새 옷을 사지도 못한 채 그냥 불편하게 살았다.

그날도 그런 날이었다. 불편하게 가게에서 몸을 수그리고 비질을 하던 날, 옆 가게 사장님이 틀어놓은 아침 방송에서 리포터의 목소리가 들려왔다. 초롱은 아니었다. 초롱과 함께 공부한 나는 초롱의 목소리를 잘 알았다. 그러나 초롱이 아닌 그 목소리는 너무나 초롱의 것처럼 들려 나를 아프게 했다. 그 목소리가 너무 멀게 들린 탓이었다. 그날 나는 돌아와 내 옷을 모두 정리했다.

나는 몇 번이나 초롱의 소식이 올라오는 SNS를 차단할까 생각했다. 적어도 그의 성공이 내 눈에 보이지 않게 하고 싶었다. 그가 취하는 모든 것을 내가 가졌다면. 아니, 저것을 취할 기회만이라도 내게 주어졌다면. 생각이 거기에 미치면 곧바로 따라오는 것은 지독한 자기혐오와 나를 조소하는 '나'였다. 나는 내게 내리는 형벌로 초롱의 게시글을 살폈고, 그의 행보를 응원하고 축하하는 마음이 진심이 될 때까지 '좋아요'를 눌렀다.

초롱이 그런 나를 몰랐을까 하고 묻는다면 나는 확언할 수 없다. 그래서 그날, 아주 오랜만에 그렇게 연락한 것은 반쯤 충동적이었다.

'너, 안 갔지?'

그 예상을 비웃기라도 하듯 초롱은 무너지듯 쏟아냈다. 시샘이 날 정도로 항상 밝고 건강했던 초롱은 잠이 오지 않는다고 말했다. 그 이전까지 나는 맹세코 초롱을 안타깝다고 여긴 적이 단 한 번도 없었다. 그를 안타까워하는 것은 내 역할이 아니었다. 그때쯤 나는 와병 중인 엄마의 병시중에 지쳐 있었고 누군가를 안타까워할 상황이 아니었다. 그런데도 안타까웠다. 그 애가, 일생에 괴로움이라고는 없는 것처럼 보이는 그 애가. 이후로 나는 종종 초롱에게 안부를 물었다. 사실은 잘 있는지 확인하기 위함이었다. 자기 죄가 아닌 죄책감으로 스스로 생을 마감한 사람의 소식을 들을 때마다 화들짝 놀라 초롱에게 연락했다.

'살아 있어?'

질문의 양상은 다양했다. 그 애의 말투를 흉내 내기도 했다.

'야, 밥 먹었냐? 잠은 좀 잤냐?'

내게는 얄팍한 책임감 같은 것이 있었다. 초롱의 친구들은 모두 밝고 건강하고 지극히 평범해서 세상의 고통이라고는 잘 모를 것 같은 이들이었다. 평범함 속에 꽃핀 고통이 얼마나 외로운지, 얼마나 혼란스러운지 나는 안다. 어쩌면 지금 이렇게 고생하는 초롱을 이해할 수 있는 친구는 나밖에 없을지도 모른다고 생각했다.

그러나 초롱은 내게 완전한 열패감을 선사했다. 자신의 이야기를 커뮤니티에 게재했고 그것이 기사로 나가더니 사람들이 초롱의 상처와 회복에 관심을 보였다.

초롱이 글을 쓴 이유는 간단했다. 적어도 내가 아는 초롱은 그런 사람이다. 누군가를 구한다는 대단한 사명감은 아니었을 것이다. 처음에는 그곳에 두고 온 자신을 다시 구해오기 위해서였을 것이다. 그러기 위해 다시 그 자리에 간 초롱은 보았을 테지. 그 자리에 남아 있는 수많은 초롱을. 그 초롱'들'에게 작은 위로를 건네고 싶어 글을 썼으리라. 걔는 그런 애였다.

나는 안일한 자기연민으로 살았다. 아무도 날 구해줄 수 없다는 오만함으로 살았다. 초롱은 달랐다. 자기는 물론 남까지 구하고자 했다.

나는 그 애에게 졌다, 완전히.

내가 아나운서 시험에서 떨어지고, 초롱이 먼저 책을 내고 방송을 시작할 때도 이렇게까지 강한 열패감이 들지는 않았다. 하지만 이번에는 졌다, 완전히. 인간적으로, 나는 졌다.

그것을 인정하자 모든 것이 가벼워졌다. 나는 더 이상 나를 동정하지 않았고 그런 내가 마음에 들었다.

초롱이 내게 또 물었다. 몸이 아예 움직여지지 않는 고통을 어떻게 생각하느냐고. 그 고통을 알게 된 것이 반가웠지만 한편으로 안타까웠다.

만약 네가 그곳에 있지 않았다면, 그러니까 네가 두고 온 너였다면 나는 대수롭지 않게 말했을 것이다. 어린애가 한 철 없는 질문으로 치부했을지도 모른다. 이불 밖으로 발을 뻗는데 긴 호흡처럼 한숨을 쉬고, 결국 신발장 앞에서 엉엉 울면서도 아버지의 가게 문을 열었던 그때의 나는 없었던 것처럼. 머리가 듬성듬성 빠지고, 갑자기 구토하고, 30년째 한동네에서 산 오랜 토박이인 내가 갑자기 길을 잃고, 단기 기억상실증에 걸리고, 과호흡으로 호흡이 달리고, 공황증세가 와도 꾸역꾸역 아버지의 가게로 나가 가게 문은 열고야 말았던 나는 없었던 것처럼. "먹고살려면 움직이게 돼. 속 편한 소리 말아. 네가 비빌 언덕이 있으니까 그렇지" 하고 킬킬 웃었을 것이다.

초롱아. 나는 아직도 고통에 직면해 그것과 마주하면서도, 고통에 힘겨워하면서도 왜 글을 쓰는지 이해하지 못하는 너를 위해 이 글을 쓴다. 아마도 너는 수많은 초롱에게 손을 내미는 것일 테지. 참사에서 아직 구조하지 못한 수많은 초롱을 구조하는 것. 그건 너 자신을 위한 길인 걸 안다. 그래서 나도 용기를 내본다. 나 역시 수많은 D에게 손을 내밀어보기 위해.

5개월, 50개월

"시간이 왜 이렇게 빨리 가?"

내 또래 친구들은 이 말을 습관처럼 입에 달고 산다. 나는 동의할 수가 없다. 내게는 시간이 너무너무 느리게 갔으니까. 그래서 그런 말을 들을 때마다 이러지도 저러지도 못하고 그저 웃고 만다. 하루가 너무 길었다. 밤은 더더욱 길었다. 나는 우울이 감정을 삼켜버려 아무것도 느끼지 못하는 '무감정 상태'에 있었다. 느끼는 게 없으니 하루가 길고 시간이 가지 않는 것은 당연했다.

나는 사람에게 왜 감정이 있는지, 인간에게 헤아릴 수 없을 정도로 복잡 미묘한 감정이 얼마나 중요한지 매일매일 깨달았다. 슬프고, 기쁘고, 행복하고, 불행하고, 그립고, 외롭고, 만족스럽고, 재밌고, 짜증도 나는 그 복잡한 감정을 시시각각 느껴야 이 길고 긴 인생을 그나마 버틸 수 있겠다 싶다.

왜 그렇게 많은 사람이 우울증에 시달리고 자살률이 높은지, 심지어 약물에까지 손대는지 이해가 갔다. 답이 없고 뿌연 안개 속을 헤매는 듯할 때, 시간이 가지 않고 인생이 무기력하고 지루할 때, 인간은 강한 자극을 원한다. 약물까지는 아니어도 나 역시 조금이라도 시간이 빨리 가게 하려고 술을 마셨다. 좋지 않은 선택이었다. 순식간에 중독과 의존으로 이어졌으니.

다행히 나는 좋은 사람들이 곁에서 도와준 덕에 내가 쓰러질 법하면 구조를 받았다. 특히 친구들의 지지와 심리 상담은 나를 붙들어주는 큰 힘이었다. 이 무렵엔 책도 읽을 수 있었는데 책을 읽고 하루하루 나아지는 것을 실시간으로 느꼈다. 알코올의존이 지속되는 순간에도 매일 조금씩 더 나은 방향으로 나아가고 있다는 믿음이 나를 위로했다. 언론과 방송사들이 참사 1주기를 준비하기 위해 인터뷰를 요청해왔으나 대부분 조금만 더 있다가 하겠다며 미뤘다. 우선 나는 내 개인적 회복에 더 집중하고 싶었다. 그렇게 하루하루를 보내다 보니 어느새 상담 선생님과 예정된 마지막 상담일이 다가왔다.

상담이 막바지에 다다를수록 나는 빠른 속도로 좋아졌다. 이제는 정말 마음 근육이 단단하게 자리 잡은 듯했다. 선생님은 내 정서적 독립을 목표로 차분하고 밀도 있게 치료를 진행했다. 그렇지만 치료 종료를 앞둔 나는 좀 초조했다. 지금까지는 심리 상담을 받으며 선생님의 손을 잡고 고통에서 조금씩 걸어 나올 수 있었으나, 이제는 오롯이 혼자 빠져나와야 한다. 특히 상담 선생님과 잘 맞았고 효과가 좋은 관계였기에 종료에 따른 두려움이 있었다. 내가 걱정을 내비칠 때마다 상담 선생님은 나를 달랬다.

"치료가 필요하다는 생각이 들면 아주 간단해요. 비용을 들고 공덕동으로 찾아오면 돼요. 나는 언제나 이곳에 있으니까요. 그러나 상담의 궁극적인 목적은 우리가 평생 함께하는 것이 아니라 초롱 씨 스스로 걷고 정서적으로 홀로 서는 거예요. 그게 정 어려우면 언제든 찾아올 수 있다는 걸 잊지 마세요."

언제든 돌아갈 곳이 있다는 생각이 들자 나는 마지막 상담일을 오히려 기쁘게 맞이했다. 그날 상담소를 찾아가던 길은 온통 초록색이었다. 새 생명이 피어나 여름의 절정으로 향해가는 그 시기가 마치 내 새 출발을 응원해주는 것 같았다. 상담 선생님을 만나자마자 나는 "기분이 묘하더라고요. 꼭 학교를 졸업하는 것 같아요"라고 괜한 너스레를 떨었다. 상담 선생님은 마지막 날이니 그간의 상담을 정리해보자고 했다. 그리고 이어진 상담 선생님의 말에 나는 온 세상이 다시 거꾸로 뒤집히는 듯한 경험을 했다.

"초롱 씨, 처음 온 날 기억나요? 작년 11월에 왔고 지금이 5월 초니까 만 5개월, 대략 6개월을 우리가 함께했어요."

선생님은 활짝 웃으면서 이야기했지만 나는 웃을 수가 없었다. 그 순간 나는 내 귀를 의심했다. 아니, 5개월? 50개월이 아니라 5개월이라고? 내 시간은 참사 이후 몇 번이나 계절이 바뀌어 적어도 3, 4년은 지난 것 같은데 고작 5개월밖에 지나지 않았다니. 믿기지 않았다. 혹시 세상이 짜고 나를 속이기 위해 몰래카메라라도 찍는 걸까 의심했다. 그 정도로 믿어지지 않았다. 하지만 나는 선생님이 덧붙인 얘기를 듣고 그 말을 인정하고 받아들였다.

"초롱 씨, 처음 온 날 복장까지도 아직 생각나요. 아주 긴 남색 코트에 회색 목도리로 온몸을 꽁꽁 감싸고 왔었죠. 얼굴을 보이는 것도 싫어했었는데."

상담 첫날의 내 인상착의 설명을 듣자마자 나는 순식간에 11월의 그날로 돌아가는 경험을 했다. 크리스토퍼 놀란 감독의 영화 〈인셉션〉이 떠올랐다. 주사위를 돌리면 시간의 흐름에 상관없이 현재에서 다른 시점으로 옮겨가는 장면처럼 갑자기 주사위가 던져져 오랜 꿈을 꾸다가 현실로 돌아온 것만 같았다. 자꾸만 나는 어느 순간에 다른 시점으로 멀리 갔다가 다시 불려왔다. 또, 또, 또, 다시 제자리다. 도대체 이런 경험을 몇 번이나 하는지 숫자를 세다가 지칠 정도였다. 그런데 이번에는 타격이 아주 세게 왔다. 그간의 시간을 모두 부정당하는 기분이었다.

맥없이 눈물이 뚝뚝 떨어졌다. 펑펑 우는 것도, 슬픔을 토해내는 눈물도 아니었다. 그냥 목각인형이 아무 감정 없이 흘리는 눈물 같았다. 말 그대로 나는 고장 난 수도꼭지처럼 눈물을 쏟아냈다. 그렇게 기뻐하던 선생님을 기어코 당황하게 만들어놓고는 다른 설명 없이 옆에 있던 휴지 한 통을 다 썼다. 그간 이상하다고 생각해온 세월의 퍼즐이 다 맞춰지는 기분이었다. 1주기가 얼마 남지 않았다고 했던 방송사들의 말이 이제야 이해가 갔다. 돌아보면 그때 나는 1주기라는 생각을 하지 않았다. 몇 년을 침묵으로 보내다가 비로소 과거의 참사를 제대로 추모하려는 어떤 공식적인 자리가 드디어 만들어지는 것쯤으로 받아들였다. 참사 이후 아주 오랜 시간이 흘렀고 우리는 몇 년 지나서야 마침내 참사를 추모하게 된 것이라고. 아무도 내게 이런 생각을 강요한 사람은 없다. 그냥 내 뇌가 그렇게 받아들였을 뿐이다.

나는 시간의 벽에 갇혀 앞으로 나아가지도 못하고 하루하루 지루한 삶을 살아내느라 바빴다. 순간순간을 치열하고 바쁘게 살았고 삶이 참 길다고 여겼는데 왜 5개월밖에 지나지 않았을까. 돌아보면 내가 괜찮아진 것 같다고 느꼈을 때도 참사 후 2주가 지난 시점이었고, 한 달쯤 지났을 때도 이제는 좀 나아진 것 같다며 안심했다. 두세 달 지난 시점에도 좋아진 것 같다고 말하고 다녔다.

"지금이 5개월 차인데 매번 괜찮아졌다고 느꼈던 그때는 사실 참사가 일어난 지 얼마 되지 않았을 때였어요. 실은 그때 저는 괜찮지 않았어요. 선생님, 그걸 지금 알겠어요. 저는 도대체 그 시간을 어떻게 보낸 걸까요? 선생님, 진짜 5개월밖에 안 됐어요? 시간이 너무 안 가요. 어떻게 된 거예요?"

지금까지 나는 단 한 번도 괜찮았던 적이 없었다. 내 괜찮음은 허상이었다. 내가 희망적이라고 느꼈던 것들은 다 어디로 갔을까. 과연 희망이라는 게 있긴 있는 건가. 하필 이런 감정과 상황을 심리 상담 마지막 날에 마주하다니. 선생님을 떠나보내야 하는 날인데 나는 앞으로 어떻게 해야 하나. 상담이 끝나기 전까지 내 상태는 분명 좋아지고 있었다. 그런데 아이러니하게도 상담 마지막과 동시에 나는 열차가 추락하듯 나락으로 떨어졌다.

시청률 절정의 드라마 주인공처럼

서울에 처음 왔던 때가 기억난다. 그땐 연고도 없는 이 도시가 무서웠다. 어린 나이에 기숙사에서 이불을 덮고 누울 때마다 나는 '아, 이제 어쩌지' 하며 엄마를 생각하면서 잠들었다. 낯선 땅에 혼자 내던져진 기분이었다. 선생님과 헤어진 이후 내 상태도 처음 서울에 왔을 때와 비슷했다. 나는 엄마를 찾듯 밤마다 마지막 상담 때 녹음해둔 선생님 목소리와 말씀을 라디오처럼 틀어놓고 잠을 청했다. 매일 밤 다시 술을 마셨고 그간 겨우 돌려놓은 루틴이 무너질까 봐 걱정스러운 동시에 될 대로 되라는 식의 자포자기가 밀물과 썰물처럼 왔다 갔다 했다.

자꾸만 화가 나는 게 문제였다. 누구한테 화를 내는 건지도 모르면서 나는 자주 억울했고 화가 났다. 하필이면 이때 엄마가 잘못 걸려들었다. "이제 좀 괜찮은 것 같으면 약 먹지 말아 봐"라는 엄마의 말에 나는 격렬하게 반응했다. 엄마가 뭘 안다고 나한테 약을 끊으라 마라 하냐고, 어딜 봐서 괜찮아 보이느냐고 소리를 질렀다.

엄마에게 성질을 낸 것은 이번이 처음이 아니었다. 나를 찜질방에 데려가려는 엄마에게 숨 막히고 답답한 곳에 아픈 나를 왜 데려가려 하느냐며 엄마는 대체 내게 관심이 있기나 한 거냐고 성질을 낸 적도 있다. 원인은 그게 아닌데 왜 불합리한 세상과 싸우지 않고 자꾸 엄마만 붙잡고 그러는지 나도 몰랐다. 이제 생각하니 그냥 내게는 기댈 사람이 필요했던 것 같다. 공덕동 상담 선생님과 헤어진 뒤 따뜻하게 기댈 곳을 잃은 나는 엄마가 그것을 해주었으면 하고 바랐는지도 모르겠다. 실은 내가 얼마나 힘든지 엄마에게 자세하게 설명하지도 않았다. 그보다는 터져 나오듯 소리를 지르며 엄마가 내 상황을 알게 했다. "마음 아픈 거 알아주지 못해서 미안해"라는 엄마의 목소리를 듣고 베개가 다 젖도록 울었다. 그건 내가 원한 상황이 아니었다. 엄마를 아프게 하고 싶었던 게 아니었는데 결국 그렇게 되어버린 것 같아서 좌절했다.

한편으로는 좀 지겨웠다. 스스로 '대체 언제까지 이럴래'라는 의문이 들기 시작했다. 내 입에서 저절로 "더 이상 이렇게 살기 싫어"라는 말이 튀어나왔다. 갑자기 과거의 내가 어땠는지 궁금해졌다. 과거 사진을 다 찾아보고 일기도 뒤적거렸다. 나는 나를 구원할 수 있는 건 나밖에 없다고 믿었다. 내 스스로 해결하고 싶었다. 내가 당장 기댈 수 있는 것은 '과거의 나'였다. 그때 내 모습은 밝고, 웃음 많고, 무엇보다 오기가 있었고, 자신과의 싸움에서 절대 지지 않았다. 운동하는 장면을 찍은 사진이나 학교에 다닐 때의 사진, 사회 초년생으로 일할 때의 사진에 그 모습이 고스란히 남아 있었다. 그런데 낯설었다. 내 사진인데 마치 남의 사진을 구경하는 것 같았다. 좋아 보였다.

정작 내게 변화를 불러온 것은 사진이 아니라 내가 모아 둔 문장들이었다.

'당신 멋져! 당차게 신나게 살고, 멋지게 져주자!'

길을 걷다가 부동산 사무실 앞에 붙어 있는 걸 본 것인데 굉장히 유쾌하고 감동적이라 사진을 찍어 보관했었다. 지난 시간이 스르륵 스쳐 지나갔다. '맞아, 이때 내가 이 글을 보고 엄청 기운이 났었지.' 다시 보니 지금도 기운이 나는 느낌이었다. 문장 하나가 이렇게 사람의 기운을 북돋울 수 있다니,

신기했다. 정말 당차게 신나게 살아볼까 하는 마음도 생겼다. '해보고 안 되면 그냥 멋지게 져주지 뭐' 하는 마음도 들었다.

이번에는 일기장에 있는 어떤 문장이 눈에 들어왔다.

'그만두는 건 언제든 할 수 있으니까, 오늘만 버텨볼까?'

그랬다. 나는 포기하고 싶을 때마다 이 생각으로 버텼다. 그래, 죽는 건 언제든 할 수 있으니까 오늘만 버텨볼까? 신기하게도 긍정 회로가 좀 돌았다.

연이어 눈에 들어온 문장은 친한 언니의 말이었다.

"만약 내 인생이 드라마라면 지금이 시청률 절정 구간 아닐까? 주인공인 내가 좌절을 겪고 있으니 어떻게 이겨내는지 시청자들이 지켜보며 궁금해할 거 아니야. 시청률 50퍼센트 달성한다, 내가. 반드시 이겨내서 해피엔딩으로 마무리할 거야."

기억난다, 그날의 분위기와 대화가. 프리랜서 생활에 익숙하지 않아서, 말없이 잘리는 프로그램에 적응하지 못해서, 눈물을 훔치며 좌절을 맛보던 나날이었다. 그때의 고통과 지금의 고통은 무게와 크기가 완전히 달랐지만, 묘하게 위로가 됐다. 과거의 내가 현재의 나를 보듬어주고 있었다. 과거의 나와 현재의 내가 같은 사람이 맞는가 싶었다. 대망의 마지막 문장을 보고 나는 과거 여행을 마쳤다. 결심이 서게 하는 문장을 만났기 때문이다.

'자신의 고통이 자기 삶을 규정하도록 내버려두지 않습니다.'

어느 작가가 라디오에서 《시모어 번스타인의 말》이라는 책을 소개하며 한 말을 옮겨 적은 일기였다. 그 프로그램을 진행하던 작가가 수술을 하고 또 하고, 끊임없이 이어지는 갑상샘암 투병 생활을 겪으며 왜 하필 나에게만 이런 일이 생기는가 원망하면서 고통스러워할 때 스스로를 괴롭히던 자신에게 많은 도움을 준 책이었다고 했다. 과거의 나도 힘든 일을 겪는 중이었는지 당시 중얼중얼 반복해서 되뇌는 문장이었다고 적혀 있었다.

지금의 나도 되뇌었다. 그리고 곧바로 내가 할 수 있는 것을 시작했다. 그래봤자 신나는 음악을 듣는 정도에 불과했으나 그것만으로도 좋았다. 굉장히 오랜만에 아이돌 음악을 들었다. "이겨낼 거야" 하며 유튜브로 음악을 틀어놓고 신나게 춤도 췄다. 물론 나는 곧바로 지쳐 주저앉았다. 오랜만에 밝은 나를 억지로 끌어내리니 힘들었다. 그래도 뭐, 나쁘지 않았다. 어쨌거나 시작했으니까. 땀도 나고 상쾌했다.

그런데 자살이 나쁜 건가요

나종호 선생님의 북토크가 있는 날, 나는 북토크에 가기 전 미용실에 들렀다. 좋아하는 저자의 북토크에 가려고 미용실에 들러야겠다는 생각을 한 나 자신이 마음에 들었다. 예전에는 3주에 한 번씩 머리를 정리하러 미용실에 갔지만 일상 개념이 흐려진 뒤 나는 대책 없이 머리카락을 방치했다. 내 머리를 천천히 둘러보던 미용사가 "미용실이 굉장히 오랜만인가 봐요"라고 말을 건넸다. 미용실에 앉아 가운을 목에 두르고 잘려나가는 머리카락을 보는데 이유 없이 눈물이 났다. 머리카락이 잘려나갈 때마다 시원했다. 그 기분은 여러모로 나를 상쾌하게 했다. 발걸음마저 가벼워지는 듯했다. 참사 이후 누군가를 만나러 가는 것이 설레고 기다려진 건 오랜만이었다.

　나종호 선생님은 미국에서 정신과 의사로 일하고 있다. 나는 그분을 〈유 퀴즈 온 더 블럭〉이라는 TV 프로그램을 보고 알게 되었다. 내가 구체적으로 자살을 생각하던 1월 중순, 그 프로그램에 출연한 나 선생님의 이야기는 나를 구해주었다. "우울증을 겪기 시작하면 내가 다른 사람의 짐이라고 생각"하는데 "자살 생각도 스스로를 '짐'이라고 생각하는 데서 비롯되는 경우가 많다"라는 말을 듣고 나는 설명할 수 없던 내 우울과 자살 생각의 이유를 드디어 알아낸 느낌이었다. 실제로 나는 참사 이후 나를 가치 없고 쓸모없는 인간, 사회의 짐 덩어리 정도로 생각했다.

　나는 나 선생님이 쓴 책을 읽고 그분이 출연한 방송을 보며 진심으로 위로를 얻었지만, 정작 그분을 유명하게 만든 "자살은 극단적 선택이 아니다"라는 표현에는 어쩐지 공감할 수 없었다. 물론 나도 자살을 극단적 선택이라고 표현하는 것에는 동의하지 않지만, '극단적'이라는 용어에 동의하지 않을 뿐 개인이 '선택'할 수 있는 거라고 여겼기 때문이다. 친구들과 함께 나 선생님의 책 《뉴욕 정신과 의사의 사람 도서관》을 읽고 독서 모임을 열기도 했는데, 그 자리에 있던 다섯 명 모두 나와 의견이 비슷했다. 우리는 정말 힘든 누군가에게는 자살이 기쁨으로 향하는 선택일 수 있다는 데 대체로 동의했다.

나는 나 선생님의 의견이 궁금했다. 자살을 혹시 나쁜 것, 부정적인 적으로 여기는 것은 아닌지. 그래서 개인의 결정으로 인정할 수 없다고 생각하는 건지. 북토크에서 나는 손을 들어 "자살이 나쁜 건가요?" 하고 질문했다. 다섯 명의 친구들과 이 주제로 이야기를 나누었을 때 대체로 비슷한 의견이었다는 점도 설명했다. 말하자마자 후회했지만 이미 엎질러진 물이었다. 맨 뒷줄에 앉아 있었지만 내 질문에 나 선생님의 동공이 흔들리는 것을 느낄 수 있었다. 무엇보다 나는 그 북토크에 참석한 다른 많은 사람이 내 질문에 고개를 끄덕이며 공감의 신호를 보내는 것에 놀랐다. 마침내 나종호 선생님이 입을 열었다.

"자살이 '나쁜 것이다 또는 그렇지 않은 것이다'라고 가치판단을 내리고 싶지는 않습니다. 가치판단을 제가 할 수도 없고요."

사실 나는 이 한마디면 족했다. 자살을 나쁜 것으로 단정하지 않고 내게 왜 그런 생각을 하느냐고 되물어서 나를 곤란하게 만들지 않은 것만으로도 충분했다. 그런데 그분은 나를 뛰어넘어 그 이상의 답변으로 내 마음을 움직였다.

"질문하신 분의 이야기를 듣고 매우 마음이 아팠습니다. 아, 이것이 우리나라 청년들이 처한 현실이구나 하고 처음 피부로 느꼈어요. 젊은이들의 자살은 무망감, 즉 희망이 보이지 않는 현실이 크게 기여한다고 생각해요. 그리고 이런 현실을 만든 것은 결국 사회를 앞서 꾸려온 기성세대겠죠. 이런 이유로 질문자님의 질문을 듣고, 또 친구들이 모두 같은 생각이었다는 이야기를 듣고 기성세대로서 굉장히 미안한 마음입니다.

미국에서 레지던트를 할 때, 사회복지사 한 분과 함께 식음을 전폐한 어느 노숙자를 병원으로 이송한 일이 있어요. 그 노숙자가 질문자님과 비슷한 이야기를 했어요. "나에게도 죽음을 선택할 권리는 있는 것 아니냐"고요. 사회복지사가 굉장히 쿨한 분이셨는데, 그때 이렇게 대답하셨어요. "당신의 그 논리에 동의한다면, 내가 이 직업을 선택했을까요?" 저도 비슷해요. 제게 자살이 옳고 그른지 판단할 자격이 있다고 생각하지는 않지만, 자살을 막아야 하는 것은 저에게는 신념과도 같아요.

저는 자살을 개인적인 문제로 생각하지 않습니다. 사람, 나아가 모든 생명체에게 생존은 본능에 가깝다고 생각해요. 그것이 사라져버렸다면, 우리는 '왜?'라고 물어야 하지 않을까요. 또한 문제의식을 느껴야 하지 않을까요. 물론 사회와 무관한, 정신 질환만으로 자살 생각을 겪는 분도 있겠죠. 하지만 그렇다 해도 사회적 낙인으로 인해 치료받지 못하는 경우가 많다는 걸 생각하면 온전히 정신 질환만을 이유라고 보긴 어렵겠죠. 또 자살을 생각하게 만드는 건 결국 사회 환경과 처한 현실의 영향이 적지 않거든요. 자살이 극단적 선택이 아니라는 주장도, 궁극적으로는 이를 개인의 '선택'이 아닌 '사회적 책임이 있는 죽음'으로 봐야 한다는 이야기를 하기 위해서였어요. 그러니 사회가 앞장서서 자살을 막기 위해 노력해야 한다고 생각합니다.

이러한 관점에서 볼 때, 우리나라 청소년과 청년 자살률이 매년 늘어가는 것은 굉장히 부정적인 시그널입니다. 이 사회적 시그널의 원인이 무엇인지 파악하고 제도로, 또 문화로 보완해야 한다고 봅니다. 우리 사회는 아직까지 그러지 못하고 있죠. 우리나라 노년 인구 자살률은 조금 줄고는 있지만, 여전히 믿기 힘들 정도로 높아요. 가령 한국 80대 노인의 자살률은 나치 치하의 유대인 자살률과 비슷해요. 한국 노인들이 처한 사회적 스트레스가 얼마나 큰지 알 수 있는 대목입니다. 노년층 자살의 가장 큰 원인은 경제적 어려움이라고 해요. 이럴 때 사회가 나서서 노인들의 경제 여건을 최소한이나마 지켜줄 수 있는 제도를 강화해 자살을 막는 데 힘써야 한다고 봐요.

　자살의 의미를 '개인적인 선택'으로 축소하고 터부시하기에 자살은 너무 거대한 한국 사회의 단면이고 우리 모두 적극적으로 브레이크를 걸어야 하는 사회 문제라고 생각해요. 그런 의미에서 앞서 말한 사회복지사나 정신과 의사처럼 윤리적이고 직업적인 신념으로 자살 시도자를 적극적으로 구하는 사람도 있어야 하고요. 저는 자살을 좋은 것 또는 나쁜 것으로 구분하고 싶지 않습니다. 다만 죽음을 생각하는 분들에게 이런 말씀을 전해드리고 싶어요. 자살을 생각하게 한 것은 당신 잘못이 아니라고요. 괜히 내 탓을 하며 '내가 문제지, 나만 죽으면 끝이야'라는 식으로 자신을 학대하지 않았으면 좋겠습니다.

　우리나라 사람들은 자기 탓을 하는 것이 너무 습관화되어 있어요. 그게 몹시 안타깝습니다. 인간의 생존 본능이 사라지는 것은 개인의 책임이 아니라 그 본능을 꺾은 사회적 환경의 책임이 크다고 봐요."

　마지막으로 나 선생님은 질문해주어 고맙다고 덧붙였다. 그날 나는 북토크에서 오랫동안 품고 있던 내 자살 생각에 관해 많은 부분을 해소했다. 자유로웠고 개방적이었다. 자살은 오롯이 개인의 '선택'에서 비롯되는 게 아니라는 점에서 나는 묘한 해방감을 느꼈다. 자살은 개인적인 죽음이라기보다 사회적 책임이라는 발상의 전환은 내가 앞으로 취해야 할 삶의 방향도 새로 일러주었다. 그날 처음 이런 생각도 했다. 만에 하나 내 주변에 자살을 생각하는 사람이 보이면 그들의 고통에 공감하며 자살을 막는 조력자가 되어주고 싶다고. 그에게는 내가 '사회'일 수 있으니 말이다.

그날을 기점으로 내 자살 생각은 점점 줄어들었다. 잃어버렸던 일상도 조금씩 회복해갔다. 참사 발생 후 10개월 만의 일이었다.

보고 싶은 선생님께

선생님, 초롱입니다. 우리가 헤어진 지 벌써 석 달이 흘렀어요. 세상에, 심리 상담 종료를 놓고 제가 '헤어졌다'라고 표현하고 있네요. 반쯤은 틀린 말이 아니라고 생각해요. 상담 종료 후 선생님이 늘 그립고 보고 싶었거든요. 마치 떠나간 연인을 그리워하는 것처럼, 전 남자친구한테 연락하고 싶은 것처럼. 그렇게 선생님께 연락도 하고 싶고, 보고 싶고, 찾아가고 싶고 그랬어요. 심리 상담이란 게 원래 이런 것인지, 제가 이상한 것인지 모르겠습니다.

　선생님이 이 글을 보신다면 참 마음 아파하실 것 같아요. 글에 적었듯 선생님과 헤어진 뒤 저는 상태가 급격히 나빠졌습니다. 절대 선생님 탓은 아녜요. 그저 제가 아픈 정도가 상상했던 것보다 훨씬 크고 깊었음이 드러난 것뿐이니까요. 많은 말을 담고 싶지만 그냥 이 한마디로 정리하고 싶습니다.

'이제는 혼자 잘 일어서서 걸어볼게요.'

지난 석 달간 혼자 해내야 한다는 것을, 스스로 해내야 의미가 있다는 것을 계속해서 느꼈거든요. 이별은 참 어려워요. 마음은 산처럼 크고 하고 싶은 말도 많은데, 어찌 말로 전해야 할지 모르겠습니다. 말을 너무 많이 해도 또 너무 짧게 해도 그것이 제대로 전달되지 않을 것 같은 느낌은 왜일까요.

그동안 함께해주셔서 감사했습니다. 살아가는 내내 선생님을 자주 떠올릴 것 같아요. 기쁘게 안녕을 고해야 앞으로 나아갈 수 있음을 알려주셔서 감사합니다.

안녕, 내 선생님. 이제는 혼자서 행복해볼게요.

4

너와 내가 아닌, 우리 모두의 이야기

미국에서 연락이 왔다. CBS 다큐멘터리 팀과 함께 다큐멘터리를 제작하지 않겠느냐고. 내게 다큐를 처음 제안한 사람은 한국 제작사의 한국인 여성 PD A였다. A와 나는 한 살 차이로 1990년대에 태어나 MZ세대라는 호칭을 지겹게 듣는 동년배였다. 이름이 제법 알려진 OTT 프로그램들과 함께 일하고 있으며 봉준호 감독과도 일했던 내 또래 PD라서 호기심이 갔다. 처음 만난 날, 같이 맥주를 한잔하며 누가 먼저랄 것도 없이 속 얘기를 꺼냈다.

우리가 공부할 때는 체벌이 가능하던 의무교육 시대라 매를 맞으며 학교를 다녔다. 또한 공교롭게도 우리 둘은 비슷한 시기에 교육 열풍이 드세기로 유명한 도시에 살며 가차 없이 그 바람에 휩쓸렸다. 경쟁을 부추기는 사회 분위기를 당연시하며 살았다. 으레 학교에서 밤까지 붙잡혀 갇혀 있어야 하는 줄 알았다.

내 친구들은 사는 게 다 고만고만했다. 특별히 잘 사는 집도 못 사는 집도 없었다. 졸업한 이후에도 비슷하게 서로 수준을 맞춰 살아갔고 공유하는 가치와 사회적 약속 같은 것도 유사했다. 취업 시기와 결혼 시기도 비슷하고 거의 다 직장 생활을 했다. 누구 하나 튀지 않으며 잘 살아왔기에 안정적이었지만 실은 서로 도태되지 않으려 늘 열심히 노력했다. 전형적이고 평범한 범주 안에서 살아가는 게 나쁜 건 아니다. 그렇지만 때론 답답하다. 학교를 졸업하고 사회에 나온 내 눈에 하나둘 이상한 것이 보이기 시작했다.

우선 사람들은 서로 선 나누기를 좋아했다. 학교에서도 그렇게 줄 세우기를 했는데 사회 역시 마찬가지였다. 가끔은 좀 더 차원이 다른 선 긋기도 목격했다. 나는 서로가 서로에게 자신이 더 우위에 있음을 증명하려 애쓰는 장면을 자주 목격했다. 평범한 사람들은 가난한 사람들과 선을 그었고, 부자들은 빈자들과 선을 그었다. 심지어 그 안에서도 더 세밀하게 급을 나눠 계속해서 '누구보다 더', '무엇보다 더' 갈래를 나눴다.

재밌는 광경이었다. 이게 과연 옳은 건가 싶기도 했다. 이건 마치 도토리가 키를 재면서 다른 도토리보다 깨알만큼 더 크다고 자부하는 꼴이었다. 왜 그렇게 선을 긋고 별것 아닌 것으로나 잘난 맛에 사는 사람이 많은지 이해하기 어려웠다. 때로는 이런 것이 갑질 사건 형태로 사회적 이슈로 떠오르기도 했다.

　미움이라는 감정은 징글징글하게 질기다. 더구나 그 감정에 빠지는 건 아주 쉽다. 그토록 쉽게 얻는 감정인데 사람들은 여기에다 서로를 미워하는 방식마저 여러 가지로 만들어낸다. 어떤 사건이 발생하면 그와 관련된 사람들은 그 사실을 더욱 뼈저리게 느낀다. 여기에 포용은 없다. 그저 각기 다른 방식으로 끝까지 미워할 뿐이다. 밤에 사건이 일어나면 밤에 나간 사람이 문제라며 미워하고, 동성끼리의 사랑 이야기가 나오면 그건 고쳐야 하는 병이라며 맹비난을 퍼붓는다. 밤에 일하는 사람에게는 밤에 일하는 것이 잘못이라 하고, 아침 일찍 일하는 사람에게는 그렇게 왜 아침 일찍 일하느냐고 몰아댄다. 어리면 어려서, 나이가 많으면 나이가 많아서 문제다. 여성이면 여성이라서 문제고, 남성이라면 남성이라서 문제다. 아, 이런 것이 혐오구나 싶다.

　이 모든 이야기는 내 이야기인 동시에 A의 이야기였다. 우린 다른 이름으로 각자의 삶을 살았으나 거울에 비친 내 모습을 보는 것처럼 서로 닮아 있었다.

A는 인터넷에서 내 글을 처음 읽었을 때 분명 참사 관련 글인데 참사와 관련 없는 자신이 왜 그렇게 눈물이 나는지 의아했다고 말했다. 우리 사회는 참사가 벌어질 때마다 2030세대에게 해오던 그간의 잘못된 행태, 억압하고 강요하고 갈등을 조장하는 행태를 그대로 재현했다. 참사를 대하는 사회의 태도는 매우 실망스러웠다. A는 내 글이 그러한 사회의 잘못된 면을 적나라하게 보여주고 지적함으로써 묘한 위로를 끌어낸 듯하다고 했다. 또한 일부 부모님 세대에게까지 글이 호응을 불러일으킨 이유도 같은 맥락에서 자신들을 돌아보게 하는, 즉 반성하게 하는 대목이 있었기 때문이라고 했다.

그저 나 하나를 구하기 위해 쓴 글이었는데, 이렇게 거창한 해석을 붙여주는 A에게 고마움을 느꼈다. A가 제안한 다큐멘터리가 이태원 참사에 담긴 의미를 더 잘 풀어낼 수 있는, 더 많은 사람과 공유할 수 있는 방법으로 적합하겠다는 생각이 들었다. 나는 A와 함께 작업하기로 결정했다. 비로소 무언가가 뚜렷해지는 느낌이었다.

파란 눈의 그들이 한국으로 왔다

막상 다큐에 참여하기로는 했으나 미국 다큐 제작팀이 한국을 방문한다는 얘기를 들었을 때 솔직히 큰 기대를 하지는 않았다. 그간 여러 언론사와 인터뷰를 진행하며 회의감도 느끼고 몹시 지치기도 한 상태였기 때문이다. 해외 언론사라고 뭐 크게 다를까. 별로 기대감이 없었다.

내가 한국 언론에 피로를 느낀 이유는 대부분의 매체가 사전에 하고자 하는 이야기를 정한 다음 내게 만들어진 판에 들어와 달라는 식이었기 때문이다. 이는 많은 것을 시사한다. 그러니까 내가 해당 언론사 메시지에 동의하는지 아닌지와 상관없이 그 판에 들어가는 순간 내가 원치 않는 방식으로 내 대답이 '편집'될 수 있음을 의미한다. 실제로 내가 사회에 전하고 싶은 메시지는 매우 뚜렷했지만 나는 내 이야기를 정확히 실어주는 언론사를 만난 적이 거의 없었다. 시스템의 한계일까. 나와 함께 일한 사람들이 나를 기만했다기보다 보이지 않는 구조나 환경적 제약 등이 그런 결과를 만들어낸 것일 수 있다.

나는 이미 많은 한국 언론 기사와 시사 프로그램이 지적한 것처럼 정부 역할이 미흡했음을 꼬집고 시스템 부재를 말하는 것만으로는 의미가 없다고 판단했다. 개인적으로 나는 한국의 사회문화적 요인이 이태원 참사의 중요한 원인이자 배경이라고 생각했다. 대표적으로 세대 간의 소통 부재와 갈등, 편견과 혐오가 낳은 존중 부재, 그리고 다양성을 인정하지 않는 분위기가 있다. 이런 부분을 말할 수 없다면 아예 말하지 않는 게 나을 것 같았다. CBS 다큐멘터리 제작에 함께 참여하기로 한 이유는 내가 전하고자 하는 바를 편집하지 않고 그대로 전하겠다는 약속 때문이었다.

파란 눈의 그들은 내게 함께 만들어가는 방식을 제안했다. 미국 라스베이거스에서 일어난 총기 난사 사건을 다큐멘터리로 제작해 큰 상을 받은 〈11분〉 제작진이었다. 나는 서울 상암동에서 그 팀의 감독 조시를 만났다. 조시는 나를 만난 뒤 곧바로 이태원으로 갔다. 한국에 입국한 지 이틀째 되는 날이었다. 이태원 사고 현장을 처음 방문한 조시는 이렇게 외쳤다.

"It's too small!"

너무 좁다는 그 외마디 외침이 다시 한번 나를 슬프게 했다. 실제로 그랬다. 대형 참사가 발생한 그 현장은 매우 좁디좁은 곳이었다. 조시는 한국에 머문 한 달 동안 매일 이태원 참사 현장을 방문해 눈과 몸으로 익혔다. 또 정해진 그림 없이 이태원 상인과 생존자, 유가족 들을 일일이 찾아다니며 다큐멘터리를 제작해갔다.

말이 통하지 않는 그가 어떻게 상인들을 찾아가 이야기하고 설득했는지 알 수 없지만, 그는 거절당하든 말든 상관없이 매일 두 발로 정성껏 찾아가 현장을 익히는 데 몰두했다. 누군가는 이를 두고 다큐멘터리를 제작하는 사람으로서 당연히 해야 할 일이라고 생각하겠지만, 적어도 내게는 매일 이태원을 방문한 그의 모습이 그저 '일 때문으로만' 느껴지지 않았다. 이태원 상권이 죽고 많은 사람이 이태원을 혐오 어린 시선으로 바라보던 시기였다. 한국 사람들조차 이태원 방문을 꺼리고 이태원 이야기를 꺼내는 걸 터부시하는 분위기가 지배적이던 상황이었다. '생존자인 저는, 내년에도 이태원에 갈 겁니다'를 쓴 뒤 많은 사람에게 이상한 사람 취급을 받은 내게 조시의 행보는 감동 그 이상이었다.

시간이 더해지면 더해질수록 나는 그와 그의 팀이 다큐멘터리를 어떻게 풀어내고 만들어갈지 기대하는 마음이 커졌다. 과연 이방인인 그들 눈에는 이태원이 어떻게 보일까. 그들은 이태원 참사를 어떻게 바라볼까. 궁금했다.

어느 날 나는 조시에게 "왜 이 다큐멘터리를 제작하느냐"라고 물었다. 조시가 대답했다.

"지금까지 여러 다큐멘터리를 제작하면서 다큐멘터리가 지닌 '리얼리티'가 세상에 필요한 가치를 제공한다고 생각하게 됐죠. 리얼리티 하나로 사람들을 설득하고 조금이나마 생각이 움직이도록 하는 것에 큰 의미가 있다고 말이에요. 그리고 다큐멘터리에는 '한 줄짜리' 헤드라인 뉴스가 미처 담지 못하는 긴 이야기를 담아낼 수 있어요. 어느 날 한국에서 발생한 이태원 참사를 알게 되었어요. 미국에서도 뉴스를 내보냈으나 한국 서울에서 이런 일이 있었다는 사실조차 알지 못하는 분위기였고, 이는 세계적으로도 마찬가지일 거예요. 이 이야기를 다큐멘터리로 제작해야겠다는 생각이 들었어요. 우리 다큐멘터리가 세상을 바꾸거나 대단한 무언가를 이뤄내진 못할지라도, 적어도 몇몇 사람에게 작으나마 인식 변화를 일으킬 수 있다면 의미가 있지 않을까 생각했어요."

　　아마도 나는 이런 사람들을 만나기를 오랫동안 고대한 것
인지도 모르겠다.

사회적 학대

불이 켜졌다. 촬영을 알리는 조명이 나를 비췄다. 마이크 테스트를 하고 촬영이 임박했음을 알리는 여러 사인이 오가기 시작하자 긴장감이 극에 달했다. 집에서 챙겨온 도널드 덕 인형탈을 손으로 꾹꾹 누르며 수없이 '괜찮아, 괜찮아' 하고 되뇌었다. 사실 나는 프리랜서로 방송 일을 한 지 8년 차였고, 외부행사 진행 등을 포함하면 그동안 셀 수 없이 많은 사람 앞에 섰었다. 그런데도 손발에 땀이 찰 정도로 긴장하는 내가 스스로도 낯설었다. 오늘 무슨 이야기를 하게 될까. 이들은 내게 무슨 질문을 던질까.

그들은 어떤 이야기를 할 것인지 사전 논의 없이 현장에서 만들어가는 방식으로 일했다. 그래도 예상 질문지조차 주지 않고 즉석에서 질문해 곧바로 대답하게 하는 줄은 몰랐기에 많이 긴장됐다. 감독 조시가 질문하고 내가 답하면 이어 조시가 다시 질문하는 형태였다.

첫 질문부터 난감했다. 자기소개를 해달라는데 평소에도 나는 자기소개를 불편하게 여겼다. 아무런 설명 없이 나를 이름 석 자로만 소개하고 싶어도 사람들은 언제나 무슨 일을 하는지, 어떤 회사에 다니는지 꼭 물었다. 어떻게 대답해야 할지 막막해하던 찰나, 다시 한번 질문이 들어왔다. 어떤 일을 하는 사람이라고 생각하느냐고. 마이크를 잡고 글을 쓰는 사람이라고 답했다. 조시는 간단하게 해답을 내렸다.

"미국에서는 그런 사람을 '스토리텔러'라고 해요."

마음에 들었다. 이제 본격적인 질문이 시작됐다.

"당신이 생각하는 한국은 어떤 곳인가요?"

"무엇이든 열심히 하는 사람들의 나라, 열정이 넘치는 나라입니다. 일하는 것도 열심히 성실하게 하고, 노는 것에도 열심인 나라죠. 그런 열정 덕에 BTS도 탄생했다고 생각해요."

"그러면 서울은 어떤 곳인가요?"

"24시간 불이 꺼지지 않는 도시죠. 열심히 일하고 또 열심히 노는 사람들의 도시라 아침부터 밤까지 불이 꺼지지 않아요. 밤늦게까지 놀아도 문제없을 만큼 치안이 좋기도 하고요."

"이태원은 어떤 곳인가요?"

아, 이태원. 나는 이태원이 내게 '서울에서 도망치기 좋은 곳'이라고 대답했다. 열정이 넘치는 나라의 수도 서울은 열정의 용광로이자 핵이지만 그만큼 답답하기도 했다. 끝없는 경쟁과 너무 빠른 속도에 나는 자주 지쳤다. 대한민국에서 내 또래는 대개 부모님께 '아침에 일찍 일어나야 한다', '성실한 것이 최고이고 노는 것은 나쁜 것이다', '공부해야 한다' 같은 말을 들으며 자랐을 터다. 이어 나는 한국의 현대 역사가 빚어낸 부작용을 두고 내 생각을 설명했다.

"한국은 민주주의가 자리 잡은 지 이제 막 30년을 넘긴 나라예요. 1980년대 어른들이 민주화를 위해 목숨을 바쳐 싸웠기에 겨우 민주주의가 뿌리를 내렸지요. 그리고 그만큼 빠른 속도로 경제 성장도 이뤘죠. 싸워 쟁취하고 경쟁하며 성장하는 사이 '성실'과 '경쟁'은 우리 사회의 근간이나 다름없는 가치가 되었어요. 그런 부모 세대를 둔 아이들 또한 그것을 당연하게 여기는 교육을 받았고요. 하지만 아이러니하게도 우리가 사는 세상은 부모들이 살던 세상과 아주 많이 달라졌어요. 빠르게 성장하면서 우리 사회가 두루 챙기지 못한 것들이 있는데, 저는 그중 하나가 다양성 존중 문제라고 생각해요.

한국은 다양성을 인정하는 데 취약합니다.”

어떤 사회와 집단이 '빠르게' 성장하다 보면 소수의 의견과 목소리를 외면하고 무시하는 경향이 강해진다. 그런 목소리와 의견까지 반영하다 보면 성장이 더뎌지니까. 한국도 마찬가지였다. 그런데 혹시 너무 오랫동안 그걸 외면하고 터부시한 탓에 지금 우리 사회가 많이 병들어 있는 건 아닐까. 나는 많은 젊은이에게 필요한 것은 자유였을 거라고 말했다. 자유를 향한 갈망, 그것을 잠시나마 만끽할 수 있는 공간이 이태원이었을 것이라고 설명했다.

서울에서 지하철로 몇 정거장만 가면 마치 해외에 간 것 같았다. 이태원에서는 동남아, 유럽, 미국, 남미 등의 다양한 음식 전문점을 만날 수 있었다. 사람을 가리지 않고 모두가 친구가 되는 분위기이기도 했다. 특히 스몰 토크(small talk)와 눈인사 문화가 없는 우리에게 눈만 마주쳐도 대화하고 인사를 주고받는 그곳의 방식은 어떤 식으로든 다양성을 존중하는 분위기와 자유로움을 선사했다. 어쩌면 나는 누군가와 만나 이야기를 나누며 소통하고 싶었던 것인지도 모르겠다.

“핼러윈을 두고 다른 나라의 귀신 축제를 뭐 하러 즐기느냐고 하는 사람도 많지만, 그것은 몰라서 하는 말이에요. 사실 핼러윈을 기념하는 것 자체가 중요한 게 아니라 우리에게는 그냥 놀 공간이 필요한 거예요. 일 년에 한 번 크리스마스를 손꼽아 기다리는 것 같은 거죠."

그날 이태원에서 왜, 어떻게 그런 일들이 일어났는지 한참을 질문한 뒤 조시는 이렇게 물었다.

"이태원 참사를 대하는 사람들의 방식에 문제가 있다고 생각하나요? 만약 그렇다면 무엇이 가장 큰 문제라고 생각해요?"

"문제해결 방식이요. 돌아보면 우리 사회는 오랫동안 문제가 생기면 '사회적 학대'를 하는 식으로만 해결해온 것 같아요. 그 일을 개인 탓으로, 남 탓으로 돌리고 축소하면서. 외면하거나 무시하거나 얼른 지워버리려 애쓰면서. 잘못을 정면으로 마주하는 것이 물론 고통스럽겠죠. 그렇다고 마주하지 않고 덮어놓으면 곪을 수밖에 없지 않을까요? 우리 사회에 문제를 제대로 알려고 하는 분위기가 없는 것이, 너무 아쉬워요. 최근에는 개인 탓, 남 탓이 더 극단적으로 진화한 것 같아요. 묻지도 따지지도 않고 미워하고 '혐오'하는 것으로요. 이태원 참사만 해도 원인에 관해 토론하거나 깊이 알아볼 생각도 안 하고 '그러게 거길 왜 갔어. 간 사람이 잘못이야'라고 해요. 혐오의 대표적인 예죠. 문제해결은 지난하고 복잡하기에 어려워요. 반면 혐오는 쉽죠. 욕하고 이상한 사람이나 집단으로 만들어버리면 그만이니까. 이제 좀 더 건강한 방법으로 해결하려는 노력이 필요할 때 아닌가 싶어요. 흐름을 바꿀 수 있다면 좋겠어요."

조시가 마지막으로 물었다.

"이태원 참사가 벌어지고 이후 수습하기까지 잘못한 사람이 있다고 생각해요?"

"누군가를 특정하고 싶지는 않아요. 시대가 잘못했고 세상이 잘못했다는 생각이 큽니다. 한국 사회는 남을 이기는 방법은 가르쳐도, 잘 지는 법은 가르치지 않아요. 여기에 더해 남들에게 어떻게 보이는가를 중요시하는 분위기는 사과하는 것을 체면을 구기는 일로 여기게 만드는 것 같아요. 그걸 그대로 배우며 자란 아이들도 사과하지 못하는 어른으로 성장하겠죠. 그야말로 사과하는 방법도, 자기 잘못을 인정할 줄도 모르는 '무늬만' 어른으로. 그들에게는 오로지 자신의 성공과 성취만 있으면 그뿐이에요. 사과할 줄 모르면, 사회적 문제에 잘 공감하지도 못하지 않을까요? 이태원 참사 책임자들이 제대로 처벌받지 않고 자기 잘못이 아니라는 변명으로 일관한 것도 바로 이런 맥락이라고 생각해요."

사과하지 못하는 세상은 사람을 너무 많이 다치게 만든다. 이번에도, 그랬다.

편견과 싸우는 중입니다

나는 기자에게 편견을 지니고 있었다. 내 생각을 마음대로 재단하지 않을까 하는 큰 두려움이 있었다. 이유 없이 적개심이 들 때도 있었다. 그렇다고 아예 근거 없는 두려움이나 적개심은 아니었다. '기레기'라는 말이 등장할 정도로, 지난 시절 여론을 왜곡하고 호도하는 기사를 나는 여럿 목격했다. 그래서 기자들이 만나자고 연락하면 경계심부터 생겼다.

내게 연락해 인터뷰를 요청한 기자들은 대개 나와 비슷한 세대였다. 더러는 이제 막 기자가 된 사람도 있었다. 내가 그들의 요청에 응한 이유는 순전히 왜 나를 만나자고 했는지가 궁금해서였다. 나를 만나 어떤 이야기를 듣고 싶은 걸까.

내 얘기를 있는 그대로 써줄 의향은 있는 걸까.

처음 기자를 만난 날, 나는 직업 뒤에 가려진 힘들어하는 한 개인을 목격했다. 그들을 만나며 나는 남들이 내 트라우마를 이해하지 못할 거라며 막연히 편견에 빠져 있었음을 깨달았다. 앞에 앉은 또래 기자들을 바라보면서 나는 마치 거울로 나를 보는 듯한 느낌이었다. 그들도 나처럼 참사 현장에 있었다. 더구나 그들은 상황을 파악하느라 정신없이 울고 있는 사람들에게, 넋을 잃고 길바닥에 주저앉은 생존자들에게, 질문을 던지고 인터뷰를 해야 하는 잔인한 직업에 종사했다. 현장을 두 눈에 담은 채 고통으로 몸부림치는 생존자에게 다가가 말을 걸고 집요하게 물어야 하는 상황이 너무 미안해서 마이크를 들고 한참을 배회하다가 결국 같이 울었다는 말을 나는 여러 기자에게 들었다. 그들은 인터뷰를 해도 문제, 하지 않아도 문제인 상황에서 상처받았다. 그들도 나와 마찬가지로 참사 목격자이자 생존자였다. 트라우마는 그들을 비껴가지 않았다.

그들은 기자이기에 현장에서 원망의 목소리와 "제발 우리 좀 도와달라"라는 한이 서린 애원을 많이 들었다. 사람들은 참사가 발생하고 150명 넘게 목숨을 잃었는데도 누구 하나 책임지지 않는 이 나라와 사회에 목소리를 내기 위해 기자를 찾아가 하소연하고 화를 냈으며 바짓가랑이를 붙잡고 엉엉 울었다.

참사 당일, 사랑하는 사람을 잃은 이들의 통곡이 여기저기서 끊이지 않았다. 유실물 센터에는 희생자들의 물품이 수없이 널려 있었다. 그 장면을 촬영하고 돌아 나온 기자는 유실물 센터 앞에서 숨이 쉬어지지 않아 한참을 주저앉아 있었다고 했다. 참사 현장 잔상이 남아 며칠을 울음을 삼키며 보냈다고도 했다. 그들의 이야기를 들으며 나는 그들도 우리 같은 생존자임을 알게 됐다.

그런 그들이 나를 만나면 미안함과 죄책감에 고개도 들지 못했다. 그 모습 또한 내 모습이었다. 참사 초기 죄책감에 시달리던 시기, 나는 저들과 같은 모습으로 머리를 조아리고 살아 있음을 수치스러워했다. 모든 원인을 내 탓으로 돌렸다. 그렇게 현장에 있던 사람은 모두 트라우마를 겪고 있었다.

직접 경험하기 전까지 나는 직업, 성별, 나이와 관계없이 누구나 트라우마를 겪을 수 있다는 당연한 이치를 알지 못했다. 다큐를 제작하는 CBS 다큐멘터리 팀도 참사 당일 보디캠을 분석하다가 PD 두 명이 갑자기 뛰쳐나가 구토하는 증상을 보였다고 했다. 참사가 발생한 지 8개월이 지난 시점에 다큐멘터리를 제작했으니 꽤 시간차가 있었지만, 그만큼 그날의 사건 현장은 도저히 개인이 감당할 수 없을 정도로 무거웠다.

앞서 말한 나종호 선생님의 책 《뉴욕 정신과 의사의 사람 도서관》에 따르면, "트라우마 피해자는 '내가 뭔가 잘못해서, 내게 문제가 있어서 벌어진 일'이라며 사건의 원인을 자신에게 돌린다"*고 한다. 내 정신과 주치의도 내게 똑같이 설명해주었다. 특히 나는 내가 살아 있는 것 자체를 문제로 받아들였다. 참사 현장에서 내가 누군가를 적극 돕지 못했음을 크게 자책했고, 나 대신 다른 사람이 죽은 것 같다는 생각에 사로잡혀 있기도 했다. 나는 내 죄책감을 점점 극대화했다. 내가 만난 기자들도 나와 별반 다르지 않았다. 그들은 현장에서 아무런 도움도 주지 못하고 취재만 해야 했던 것을 고통스러워했다. 현장 파악을 위해 어쩔 수 없이 괴로워하는 생존자를 인터뷰하던 장면 등은 그들의 뇌리에 '죄책감'으로 강하게 남아있었다.

기자들이 나를 찾아와 인터뷰를 요청한 이유는 대단한 사회적 메시지를 전달하기 위해서가 아니었다. 그들은 내 글이 참사 현장을 겪은 자신들에게 위로가 되었다고 했다. 글을 읽으며 눈물을 쏟았다고 말하기도 했다. 내 앞에서 우는 기

* 나종호, 《뉴욕 정신과 의사의 사람 도서관》, 아몬드, 2022년, 52쪽.

자들은 냉정한 표정으로 인터뷰하는 기자가 아니라 어린아이 같았다. 그렇게 이 참사는 어디선가 기세등등하게 기자로서 자신의 업을 다하는 그들을 한순간에 어린아이로 만들어버렸다. 그들이 요청한 건 자신들이 위로받은 만큼 내 글을 지면으로 공유할 수 있게 해달라는 것, 이상도 이하도 아니었다. 그저 그들에게도 위로가 필요했을 뿐이었다.

글을 연재하면서 내게는 뿌듯했던 일화도 있다. 〈한겨레〉 이우연 기자 이야기다. 참사 현장에서 충격을 받고 집에 돌아온 이우연 기자는 밤마다 공허함과 불안감에 휩싸였다. 할 수 있는 일이 아무것도 없는 재난 앞에서 엄청난 무기력감을 느꼈다. 기사를 쓰는 게 무슨 의미가 있을까 싶어 일을 그만두고 싶다는 생각도 들었다. 장담할 수는 없지만 참사 초기 이 기자는 PTSD 증상을 겪은 듯했다. 수면장애는 당연하고 매일 밤, 술로 절여지듯 자신을 혹사하기 일쑤였다. 그러던 어느 날, 이우연 기자는 내 글을 읽으며 심리 상담의 중요성을 깨닫고 본격적으로 심리 상담을 시작했다. 그는 내게 회사의 지원을 받아 심리 상담을 시작했다고 얘기했다.

심리 상담이라는 것이 생존자와 유가족에게만 해당하는 것인 줄 알던 나는 그때 매우 놀랐다. 왜 미처 생각하지 못했을까. 나는 기자들에게 심리 상담을 능동적으로 하는 편인지,

평소에 회사나 국가 차원의 심리 상담 지원이 있는지 물었다. 보편적이지 않고 익숙하지도 않다는 답변을 들었다. 의아했다. 기자들은 사회적 사건을 많이 다루는 만큼 심리치료를 더 적극적으로 받아야 하는 것 아닌가 싶었다.

이우연 기자가 몸담고 있는 〈한겨레〉는 참사 첫날 현장에서 취재한 기자들을 이후 장례식 취재 현장이나 유실물 센터, 분향소 등에 최대한 내보내지 않고 분리하는 방식으로 보호했다. 또 이태원 참사 취재를 맡았던 기자들은 무조건 1회 이상의 심리 상담을 받도록 조치했다. 이우연 기자는 그 기회를 활용해 모두 13회의 심리 상담을 받았다.

이우연 기자의 말이 기억에 남는다. 기자 중에 자신처럼 심리치료를 적극적으로 하는 사람들이 많지 않을 거는 얘기였다. 비용도 비용이고, 자신에게 잘 맞는 상담소를 잘 찾는 것도 쉽지 않다고 했다. 소문에 의하면 다른 신문사의 어떤 기자는 결국 휴직을 했다는 이야기를 들었다고, 그런 소식이 마음을 무겁게 한다는 말도 전했다.

이우연 기자는 6년간 일한 기자다. 이태원 참사는 이렇게 여러모로 훈련이 되어 있고 경험이 있는 기자도 힘들어하는 사건이었다. 정식 기자가 되기 전, 참사 현장으로 취재를 나갔다는 모 신문사의 인턴 기자가 아른거렸다. 그래서 그때, 내 앞에서 그렇게 펑펑 울었던 것일까. 그는 얼마나 힘들었을까. 그 후에 심리치료는 받았을까. 지금은 잘 살고 있을까. 여러 가지 생각이 나를 어지럽게 했다. 나는 그동안 기자라면 당연히 힘들고 궂은 사건도 마다하지 않아야 한다고 생각했다. 물론 어떤 면에서 기자라는 직업은, 권력을 쥔만큼 공익을 위해 일해야 한다는 것도 안다. 그러나 그들도 트라우마에 시달릴 수 있는 한 명의 개인일 수 있음을, 잊지 않기로 한다. 참사를 통해 이렇게 내 지평선을 넓혀 간다.

우울증이지만 명랑한 넌이에요

공덕동 선생님과 헤어지고 나서부터 현재까지 나는 비어 있는 시간을 견디지 못해 일중독에 빠져 지냈다. 새벽 5시에 일어나 밤 12시까지 꼬박 일했다. 알코올의존에서 겨우 빠져나온 뒤 일중독으로 넘어간 셈이었다. 잠시라도 틈이 나면 우울한 생각이 내 마음과 뇌를 비집고 들어왔다. 돌아보니 무언가에 중독되지 않으면 삶을 견딜 수 없는 상태였던 것 같다.

밤 12시에 일을 끝낸 후 집에 돌아와 샤워를 마치고 침대에 누우면 그때부터 몽상이 시작됐다. 이제 무엇을 해야 하지? 무엇을 해야 할까? 그럴 때마다 나는 S 언니와 자주 통화를 했다. 언니는 오랫동안 우울증을 앓았지만 세상에서 가장 밝은 사람이자, 우울감이 심해질 때마다 자신을 구조하기 위해 여러 방법을 터득해온 사람이었다.

"초롱아, 이 세상에 진짜 괜찮아지는 일이 있어? 괜찮아지는 건 없는 거야. 약을 먹고 치료해서 당장 깊어진 것을 얕게 만드는 것뿐이지 없었던 일이 되거나 아주 괜찮아지는 건 없어. 괜찮다고 말하지 마. 사실 나는 남들에게 괜찮다고 말할 때가 가장 힘들었어."

맞는 말이었다. 갑자기 눈물이 주르륵 흘렀다. 입만 열면 맞는 말을 하는, 우울증에 관해 도가 튼 그 언니에게 나는 자주 전화했다. "언니, 잠이 안 와"라고 말하면 S 언니는 마치 '숨겨둔 비밀 병기'를 꺼내 보여주듯 자신만의 방법을 하나씩 알려주었다. 그중 내게 가장 효과적인 방법은 '다림질하기'였다.

"구겨진 내 마음을 하나하나 곱게 편다고 생각하면서 뭐든 다려 봐. 시간도 잘 가고 의외로 마음도 평화로워져."

나는 집에 있는 수건을 곱게, 천천히 다렸다. 수건을 하나하나 다릴 때마다 묘한 쾌감과 위안이 선물처럼 다가왔다. 말로 설명할 수 없이 기분이 좋아졌다. '얼른 자고 일어나 내일 이 빳빳한 수건으로 닦고 나가고 싶다'는 생각마저 들었다. 내일을 기대해서 그럴까. 희한하게도 그날 밤엔 잠이 잘 왔다. 그때부터 나는 퇴근 후 씻은 다음 다림질을 했다. 다림질할 때는 시간도 잘 갔다. 노동하면서 몸을 쓰고 집중해서인지 다림질을 끝내면 피곤이 몰려왔다. 그렇게 며칠을 다리고 있는데 S 언니가 전화를 했다.

"요즘 뭐 하면서 시간 보내?"

"언니가 알려준 다림질에 푹 빠져 있어."

S 언니는 내게 고급 다리미를 선물했다. 그것도 듀얼 기능을 갖춘 다리미. 스팀 다리미도 되고, 클래식 다리미도 되고, 심지어 동시다발로 스팀을 뿜으면서 클래식 다리미로 쓸 수도 있는 압도적인 다리미였다. 엄마들이 왜 가전제품을 새것으로 바꾸면 그렇게 신바람이 나는지 조금 이해가 갔다. 그 다리미가 집으로 온 날, 나는 오랜만에 밤 12시가 아닌 저녁 8시에 일을 마치고 일찍 귀가했다. 설레는 기분이었다. 묵직한 클래식 다리미로 다림질하면 훨씬 더 손맛이 있고 삶이 깨끗해지는 느낌이라고 했던 언니의 말이 진짜인지 얼른 확인해보고 싶었다. 우선 스팀 기능은 꺼두고 클래식 다리미 기능만 써봐야지. 나는 서둘러 분무기로 수건에 칙칙 물을 뿌린 뒤 플러그를 꽂아 다리미가 데워지기를 기다렸다. 적당히 데워졌을 때 다리미를 밀었다. 강력하고 빳빳하게 다려지는 순간, 정말이지 행복했다. 문득 놀랐다. '엇, 나 지금 행복을 느낀 건가?'

S 언니는 다리고 싶은 것은 뭐든 다려도 된다며 집 안에

있는 모든 것을 다려보라고 부추겼다. 당장 눈에 띈 커튼을 걷었다. 커튼을 빨고 다림질 하나로 호텔 커튼처럼 되어가는 순간을 지켜보는 것은 내게 큰 기쁨을 안겨주었다. 갖고 있던 티셔츠도 모두 다렸다. 빳빳하게 다린 수건으로 몸을 닦고 깔끔하게 다려진 티셔츠를 입을 생각에 나는 아침을 상쾌하게 맞이했다.

어느 날 S 언니는 내게 은근한 목소리로 말했다.

"면 팬티를 사서 팬티도 곱게 다려봐. 매일 아침 씻고 다린 팬티를 입고 나가봐. 스스로가 귀해지는 기분이 들 거야."

그날 밤, 나는 팬티를 다렸다. 그리고 깨끗한 몸으로 얼른 그 팬티를 입고 싶다는 생각을 하면서 잠이 들었다. 나일론 혼방 팬티는 다림질에 좋지 않다는 생각이 들어 다림질하기에 최적인 면 100퍼센트 팬티를 사기도 했다. 면 팬티가 건강에도 좋을 거라고 합리화하면서. 얼마 전까지만 해도 죽네, 마네 하던 내가 건강을 챙기자니 좀 웃기기도 했다. 나갈 때마다 정성스럽게 다린 팬티를 입을 생각에 나는 전에 비해 몸을 더 열심히 씻고 관리했다. 생활이 망가지고 난 이후 다시 루틴이라는 것이 처음 생기는 기분이었다. 잘 씻기 시작하면서 피부관리도 원래대로 열심히 했다. 좋아하던 향수도 다시 뿌렸다. 어느 날 저녁 나는 S 언니와 다시 통화했다.

"언니, 나 요즘 팬티 다림질한다. 기분이 정말 좋아."

내 변화에 언니는 자기 일처럼 기뻐했다. 그러더니 마치 하산하기 전 마지막 비법이라도 알려주는 것처럼 소곤소곤 또 다른 얘기를 들려주었다.

"그렇게 다림질하다가 더 이상 다릴 게 없으면 갑자기 벽을 다린다. 이상하게 들리지? 근데 곧 너도 하게 될걸? 왜냐면 집이 깨끗해지는 기분이거든. 한번 시작하면 멈출 수 없어."

"아니, 무슨 말도 안 되는 소리야."

나는 배를 잡고 웃으며 전화를 끊었다. '에이, 설마' 하는 마음으로 소파에 앉아 있는데 어느새 다리미를 들어 벽에 살짝 대보고 싶은 생각이 들었다. 분무기로 물을 칙칙 뿌린 뒤 조심스럽게 쭈우우욱 벽을 밀며 다려봤다. 웃음이 터졌다. 그냥 웃겼다. "미친 걸지도 몰라" 하고 혼잣말도 했다. 그런데 그날 내 기분은 근래 들어 최고로 좋았다. S 언니가 어째서 우울증에 걸렸어도 꾸준히 밝을 수 있었는지, 언니를 버티게 해준 원동력이 무엇인지 그제야 이해할 수 있었다. 정말로 언니말대로 내 방이 깨끗해지는 기분이었다. 내 몸을 관리하고 존중하는 것을 넘어 내가 사는 공간까지 사랑한다는 느낌도 들었다.

갑자기 드라마 〈더 글로리〉에 나온 대사가 떠올랐다.

"나는 매 맞고 살지만 명랑한 년이에요."

나는 이 대사를 "나는 우울증이지만 명랑한 년이에요"라
고 바꿔 말하고 싶었다. 그 대사의 주인공처럼 나도 삶의 고통
에서 헤엄치는 순간에도 스스로 명랑함을 잃지 않고 결국 행
복해지고야 마는 사람이 되고 싶었다.

해가 뜨는 써니 하우스

다림질로 삶이 조금 재미있어졌을 무렵, 나는 내 모든 것을 바꾸고 싶다는 생각에 사로잡혔다. 지금까지 한 번도 해보지 않은 일에 도전하고 싶었다. 꼭 거창한 게 아니라도 상관없었다. 그래서 먹어본 적 없는 음식을 일부러 찾아 먹거나 해본 적 없는 일에 도전하는 데 집중했다. 식감이 싫어서 입에 대지도 않던 물컹거리는 개불을 처음 먹던 날, '오래 씹으니 은근히 고소한 맛이 난다'는 생각이 들었다. 그날 나는 앉은자리에서 개불과 산낙지 한 접시를 깨끗이 비웠다. 고구마나 감자, 옥수수도 그다지 즐기지 않는데 초당옥수수 철이라는 말을 듣고 초당옥수수를 한 무더기 사기도 했다. 그러다 달달한 초당옥수수의 매력에 빠져 초여름 내내 밥 대신 옥수수를 달고 살았다. 전에 몰랐던 재미를 하나씩 알아가는 일은 내게 꼭 필요했던, 기쁨과 행복 같은 감정을 느끼게 해주었다.

그 무렵 그동안 손 놓고 있던 자기 돌봄도 조금씩 시도했다. 알코올의존으로 생활이 망가질 대로 망가졌던 나는 정신을 가다듬고 내 경제 상황을 점검했다. 우선 밀린 공과금을 납부하고 정산해야 할 것을 정산했다. 이런 사소한 것조차 챙기지 못했다니, 하는 마음에 또 자책의 길로 들어설 뻔했으나 곧 생각을 멈추었다. 그리고 하루에 단 한 가지라도 해야 할 것을 하려고 노력했다. 다만 일하지 않는 주말을 어떻게 보낼 것인지는 여전히 내게 숙제였다. 친구들과 함께 놀 정도의 여력은 아직 없었다. 주말에도 가능하면 지금껏 나를 구조해준 방식으로 보내고 싶었다.

평소와 마찬가지로 다림질을 하던 어느 주말, 지인이 에어비앤비 숙소 청소를 도와줄 수 있느냐며 연락을 해왔다. 나는 주저 없이 청소 현장으로 향했다. 주말 낮 12시, 모두가 휴식을 취하거나 놀러 가느라 바쁜 그때 나는 에어비앤비에서 청소하는 법을 배웠다. 전문 청소법을 배우는 것은 처음 다림질할 때의 느낌과 비슷했다. 점점 신이 났다. 가르쳐준 대로 손을 뻗어 닿는 곳을 청소하면 마법처럼 깨끗해졌다. 몸에 피가 도는 것 같았다. 내게 청소를 가르쳐준 지인은 전에 호텔에서 일할 때 하우스키퍼 여사님들께 전문 청소법을 배웠다. 호텔에서는 화장실 청소를 중요시하는데 특히 수전의 물때를 벗기고 반짝반짝하게 만드는 일에 신경 쓴단다. 집에서도 그렇게 하면 호텔 부럽지 않은 '정갈한 기분'을 느낄 수 있다고 했다.

나는 그날 배운 청소법을 곧바로 집에 적용했다. 먼저 집에 돌아가는 길에 마트에 들러 청소용품과 세제를 샀다. 오랜만에 세정제도 구매했다. 그렇게 집 화장실의 수전을 광나게 닦으며 나는 여러 가지 생각을 했다. 청소가 이토록 삶의 질을 높여주다니. 엄청난 고통을 마주했을 때 거기서 벗어나는 방법에 여러 가지가 있음을, 그게 의외로 아주 사소한 것임을, 미리 배웠다면 얼마나 좋았을까.

청소는 재미있었다. 나는 당근마켓에서 오늘 했던 에어비앤비 청소 일이 있는지 알아보기 시작했다. 그리고 운명처럼 검색한 지 1분 만에 집에서 멀지 않은 곳의 에어비앤비 주말 낮 청소 아르바이트 공고를 발견했다. 그리고 그 주 주말부터 써니를 만나기 시작했다.

홍대 인근에 있는 써니의 에어비앤비 숙소는 주말마다 내게 안식처가 되어주었다. 다림질을 끝낸 금요일 밤, 나는 아침에 일어나 다린 수건으로 몸을 닦고 다린 속옷을 입고 써니네

집에 가야지 하는 생각을 하며 편안히 잠들었다. 청소하러 가는 게 그처럼 기쁠 줄은 몰랐다. 집에서 멀지 않은 곳이라 걷거나 자전거를 탄 덕분에 자연스레 운동 루틴도 추가할 수 있었다. 써니네 에어비앤비에서 길면 세 시간, 짧으면 한 시간 반 동안 청소하면서 나는 적으나마 용돈도 벌고 나 자신도 돌보았다. 무엇보다 매주 더러워진 내 마음을 깨끗이 씻어내는 기분이었다.

써니는 사람이 참 좋았다. 간간이 써니와 나누는 대화는 내게 힘을 주었다. 어린 시절 유학 생활의 기쁨과 슬픔을 토로하던 써니의 이야기는 한국에 들어와 고된 직장 생활을 거치다 돌연 그간 모은 돈을 들고 미국으로 유학을 떠난 내용으로 이어졌다. 써니는 30대 중반이었는데 결혼 자금으로 모아둔 돈을 모두 유학에 써버리고 다시 3년간 유럽으로 배낭여행을 떠났다고 했다. 써니는 지금의 삶에 크게 만족하는 듯 보였다. 크고 좋은 회사에 다녔고 돈도 잘 벌었지만 여행하면서 세상을 대하는 관점이 많이 바뀌었다고 했다. 투명한 표정으로 자신에게 고향 같은 곳은 발리라며 그곳은 본인이 꼭 잡고 있다고 너스레를 떠는 써니가 귀여웠다. 그 얘기를 듣는 동안 나도 좀 더 건강해지면 해외여행을 떠나고 싶다는 생각을 했다. 이것은 내게 커다란 변화였다. 여행을 생각하다니. 또다시 새로

운 여행을 준비하고 있다는 써니의 이야기를 들으며 나는 넌
지시 물었다.

"주변 친구들과 사는 모습이 많이 달라졌겠어요. 외롭진
않았어요?"

"외롭다고 생각할 때도 있지만 선택을 후회하진 않아요.
오히려 시간이 지날수록 내 선택이 옳았음을 느끼는 편이죠."

어느 날 써니가 내게 직업을 물었다. 내가 내 본업을 알려
주자 써니가 놀란 표정을 지으며 말했다.

"우와, 멋지다. 초롱 씨, 주말에 이렇게 아르바이트도 하
고…… 놀고 싶지는 않아요?"

놀고 싶어도 놀 수 있는 마음 상태가 안 된다는 말은 차마
하지 못했다. 써니가 오랫동안 몰랐으면 했다. 내게는 내 상황
이나 아픔을 모르는 사람과 아무렇지 않게 편견 없이 대화하
는 이 시간이 정말 소중했다.

써니와 만나서 이야기하는 것뿐 아니라 청소하면서 나라
별 손님의 특징을 알아내는 재미도 쏠쏠했다. 한번은 멕시코
사람들이 여행을 와 일주일간 묵었는데, 머문 자리를 청소할
때 수많은 '불닭볶음면' 잔해를 목격할 수 있었다. 네 사람이
묵으면서 불닭볶음면을 무려 스물다섯 개나 해치웠다. 매운
것을 즐기는 나라 사람들답게 불닭볶음면 소스를 따로 추가

해 먹은 흔적도 보였다. 한국의 청양고추도 한 무더기 사서 모두 먹었다는 사실을 알고는 놀랍고 귀여워서 웃음이 터졌다. 이 사람들 혹시 배가 아프지 않았을까. 쓸데없는 걱정이겠지만 그처럼 일상의 작고 무해한 에피소드들이 나를 행복하게 만들었다.

한국에 여행 온 외국인들이 공통적으로 한국의 배달 문화를 체험하고 싶어 한다는 얘기도 흥미로웠다. 써니는 밤마다 그들에게 배달 주문을 대행해주는 서비스를 제공하고 있었다. 무엇을 가장 많이 주문해서 먹느냐고 묻자 백이면 백, 무조건 치킨이라고 했다.

"우리나라 치킨이 종류가 한두 가지예요? 또 얼마나 맛있어 다들. 그게 그렇게 궁금한가 봐. 정말 여럿이 오면 온갖 종류의 치킨을 하나씩 다 시켜서 먹어봐요. 걔네 얼마나 웃기고 귀여운데요. 신기하죠?"

간혹 외국인 손님들이 놓고 가는 의외의 물건을 '득템'하는 일도 재미있었다. 러시아 청년이 한 무더기로 와서는 50도가 넘는 보드카를 죄다 놓고 가는 바람에 나와 써니는 신나게 술을 챙겼다. 일본 친구들이 묵었을 때는 캔맥주를 엄청나게 사두고 하나도 먹지 않은 채 가버려서 "어머, 얘네 한국 맥주가 맛없어서 사놓고 그냥 갔나 보네" 하며 둘이 사이좋게 나

뉘 가졌다. 국가를 불문하고 20대 초반 친구들은 어쩜 그렇게 한국 아이스크림을 많이 사놓는지 청소를 마치고 달짝지근한 아이스크림을 하나씩 먹는 날도 자주 있었다. 모든 여행객의 대표적인 잔해는 '김'이었는데 해외에서 유행하는 김 트렌드가 있는지 여행객의 국적은 서로 달라도 시즌마다 거의 같은 브랜드의 김을 발견한다고 했다. 내가 청소할 무렵 유행한 김은 '곱창김'이었다. 그 맛이 궁금해 그걸 주문해서 먹어봤다. 짭쪼름하고 맛있었다.

그 모든 일상이 내게 얼마나 큰 도움을 주었는지 모른다. 이제 나는 궁금한 게 생긴다는 것이 얼마나 큰 의미인지 잘 안다.

밝은 해가 뜨는 집 써니네, 적어도 내게는 밝은 해 같았던 써니네. 나는 써니네서 번 용돈만으로 한 달을 생활하기로 마음먹었다. 쓸데없는 데 돈을 쓰지 않으니 꼬여 있던 재정 상태가 자연스레 좋아졌다. 내 삶이 점점 희망으로 나아가는 듯했다. 우울과 중독으로 바닥났던 통장 잔액이 조금씩 쌓이기 시작하자 나는 다시 세상으로 나갈 준비를 마친 느낌이었다. '쩽하고 해 뜰 날, 돌아온단다.' 써니, 해 뜰 날이 정말 오긴 오나 봐요.

진짜 사랑이 필요한 건, 결국 어른일 거야

당근마켓으로 써니를 만난 이후 내게는 당근마켓에서 동네 커뮤니티를 구경하는 버릇이 생겼다. 사람들은 당근마켓에서 이런저런 소소한 주제로 수다를 떨었는데 그것을 구경하는 건 여느 유튜브 시청보다 재밌었다. '오늘 남자친구한테 차였어요. 동네에 사시는 언니 혹은 또래 중 맥주 한잔하실 분.' 함께 맥주잔을 기울이진 않았으나 글을 올린 사람을 위로하고 마음을 주고받는 것은 내 일상 중 하나였다. 산책할 동지를 구한다는 글부터 반려견을 잃어버렸다는 글까지 사람들이 살아가는 평범한 모습을 실시간으로 지켜보는 것은 내게 힘을 주었다.

그러던 어느 날 '너무 힘들어서 그러는데 주말 낮에 우리 아기 잠깐 돌봐주실 분'이라는 글이 눈에 띄었다. 생후 4개월 남자아이라고 했다. 이렇다 저렇다 긴 소개는 하지 않았지만 아이 엄마가 많이 지친 상태라는 것이 느껴졌다. 나는 베이비 시터 경력은 없었지만 아기를 좋아해 곧잘 조카를 돌보곤 했다. 대학 때는 보육원에서 신생아 반을 맡아 봉사 활동도 했다. 일단 이런 이야기를 전하며 내가 돌봐주어도 되겠느냐고 말을 걸었다. 중년 여성이나 아이를 키워본 사람을 원하던 아기 엄마는 잠시 주저하는 듯했다. 그러다가 당장 세 시간 남짓 아이를 돌봐줄 사람이 급했는지 집으로 오라고 연락해왔다. 토요일 낮, 그렇게 나는 일면식도 없는 아기와 아기 엄마의 집으로 향했다. 집에서 걸어서 10분 거리에 있었다. 아파트 문이 열리자 놀랍도록 예쁜 아기가 나를 반겨주었다. 더없이 맑게 웃는 아기의 표정은 무해한 정도가 아니라 온갖 걱정과 시름까지 한꺼번에 녹이는 것 같았다. 아기 엄마는 기저귀를 갈 줄 알고, 아기를 잘 재우고, 분유도 능숙하게 먹이는(더구나 눈에서 꿀이 떨어지는) 나를 지켜보더니 마음이 놓였는지 힘없는 목소리로 "저, 좀 자고 올게요" 하고는 자기 방으로 들어갔다.

삼풍백화점 참사 생존자 산만언니에게 사고 후 우울증에 시달릴 때 보육원에서 어린아이들을 돌본 일이 큰 힘을 주었다는 얘기를 들은 적이 있다. 엄청나게 크고 좋은 일이 생겨야 행복해질 줄 알고 명품 가방도 사보고, 멀리 해외여행도 가보고, 돈도 열심히 벌어보고, 이것저것 다 해봤지만 행복해지기는커녕 더 무력해지고 허탈해졌다고 했다. 그런데 어린아이들을 돌보며 자신이 누군가에게 힘을 주는 존재일 수 있다는 것, 그들 덕분에 자신도 힘을 얻는다는 것을 깨닫고 '아, 이런 작은 것이 행복이구나' 느꼈다던 산만언니의 말을 나는 선명히 기억한다.

태어난 지 4개월밖에 안 된 아기를 안고 자장가를 불러주면서 나는 내내 행복했다. 그리고 눈물 나게 고마웠다. 아기 엄마는 내게 고맙다고 말했지만 반대로 나는 나를 이렇게 세상 무해한 공간으로 불러주어 고맙다고 했다. 아기가 분유를 먹는 모습, 아기 냄새, 아기가 침을 삼키는 소리까지 모든 것이 내게 위로를 주었다. 살아 있는 생명이라는 건 그 자체로 감동인 거구나 싶었다. 그 순간 나도 살아 있길 잘 했다는 생각이 들었다.

진심으로 행복한 세 시간을 보낸 뒤 아기와 헤어질 때 나는 그만 눈물이 날 뻔했다. 나는 속으로 '아마 네가 오래도록 보고 싶을 거야. 아가야, 정말 헤어지기 싫다. 우리가 다시 볼 수 있을까. 볼 수 있으면 참 좋겠다'라고 생각하며 눈물을 참느라 애썼다. 아기가 태어난 뒤 세 시간을 죽 마음 놓고 자본 게 처음이라는 아기 엄마의 인사도 나를 속상하게 했다. 그래도 아기 엄마는 그 작은 아기가 주는 행복에 살아갈 힘이 난다고 했다. 나는 '아가야, 어른들이 아이들을 위해 사랑을 쏟는 것 같지만 정작 사랑이 필요한 건 어쩌면 어른들일지 몰라. 태어나주어 고마워. 또 볼 수 있으면 보자' 하고 마음속으로 인사했다. 내 아쉬움을 아는지 모르는지 아기는 세상 예쁘게 방글거렸다.

내 슬픔에 안녕을 고한다

"언니, 어디야?"

친한 언니 M에게 연락했다. 나는 종종 시간이 남는 주말을 어떻게 보내야 할지 막막해했다. 써니네 청소 아르바이트가 없는 날엔 더욱더 그랬다. 많이 회복했으나 여전히 무엇을 하며 시간을 보내야 할지 몰라 불안했다. M 언니는 친한 동생 작업실에서 일을 돕고 있으니 놀러 오라고 했다. 나는 그 작업실에 놀러 갔다.

작업실에 도착하자 작은 묘비가 줄지어 서 있는 것이 눈에 띄었다. 인센스 홀더라고 했다. 홀더에는 'RIP, My Sad Stories'라고 쓰여 있었다. 그 위로 인센스를 꽂아 향을 피우면서 내 모든 슬픈 이야기를 떠나보내고 명복을 빌 수 있다고 했다. 그래서 모양이 묘비 형태였다.

RIP는 외국에서 고인을 추모할 때 사용하는 'rest in peace'의 줄임말이다. '그곳에서는 부디 평화롭게 쉬세요'라는 의미로 말 그대로 명복을 빌어주는 문장이다. 우리나라에서도 SNS에서 누군가를 추모할 때 많이 사용한다. 이 문장을 개인의 고통과 슬픔을 추모하는 문장으로 확장해 작품화한 것이다.

나는 감탄을 담아 어떻게 이걸 만들게 되었느냐고 물었다. 예전에 몹시 힘들 때, 정신적 슬픔이 신체로까지 전이되는 상황을 겪자 이런 것을 귀엽게 승화해볼 궁리를 하다가 고안했다고 했다. 그날 나는 인센스 홀더를 하나 얻어 집으로 가져왔다. 그리고 향을 피우며 기도했다.

'잘 가, 내 고통. 명복을 빈다. 훨훨 날아가렴.'

이상하게도 내 슬픔이 조금은 날아가는 것 같았다. 그날부터 지금까지 나는 매일 밤 남은 내 슬픔의 명복을 빈다. 이것도 루틴이라면 루틴일까. 분명한 건 첫날보다는 그다음 날이, 그다음 날보다는 또 그다음 날이 슬픔의 총량이 줄어드는 느낌이 든다는 것이다. 책을 쓰는 일도 마찬가지였다. 나는 책을 쓰는 내내 마음에 향을 피우고 슬픔을 조금씩 멀리 날려

보내는 상상을 했다. 동시에 내게 남은 슬픔의 명복을 빌었다. 아직 완전하지는 않지만 다시 한번 빌어본다.

'RIP, My Sad Stories.'

고통, 예고 없이 찾아온 친구

블루베리를 또 사버렸다. 냉동고 문을 열었더니 이번이 네 번째 봉지였다. 나는 여전히 조금만 신경 쓰지 않아도 자주 기억을 놓친다. 상관없다. 다음에는 절대 그러지 말아야지 하고 새로 산 휴대전화 스케줄러에 적었다. '블루베리 절대 금지.'

내 휴대전화는 두 개다. 개인용과 업무용. 일에 지장을 주지 않기 위해서다. 바쁜 날엔 개인용을 아예 열지 않는 방식으로 일을 어느 정도 관리한다. 중요한 스케줄은 휴대전화 두 대 모두의 스케줄러에 적고 알람도 설정했다. 그렇게 알람이 '나, 잊지마!' 하고 외쳐대는 환경을 만들어놓으니 잊으려야 잊을 수가 없다.

갈수록 메모하는 습관에 더욱 익숙해졌다. 누군가에게 피해를 주고 싶지 않았다. 무엇보다 내가 나를 놓지 않기 위해 메모하고 기록하고 알람을 설정하는 방식으로 대비했다. 대비하고 준비하면 아픔이든 뭐든 다 해결할 수 있을 것 같았다.

철저히 계획형 인간으로 변해가는 것은 꽤 신기하고 재밌다. 한번은 일본 여행을 준비했다. 일본 음악 페스티벌에 가기 위해서였다. 맞다, 놀러 갔다. 동시에 그 여행은 나를 세상에 스스로 내던지는 훈련이기도 했다. 비행기를 타면 여전히 불안 증세가 심각해 공황이 오고, 사람들이 많은 곳에 가면 힘들지만 그렇다고 언제까지나 이대로 살 수는 없으니까.

나는 나를 불쌍히 여기며 자기연민에 빠진 채 늙어가고 싶지 않다. 이제는 자꾸 대면하고 노출해야 나아진다는 걸 안다. 나는 집을 나서는 순간부터 버스를 타고, 공항철도를 타고, 몇 번 입구에 내려 공항에 도착해야 하는지를 분 단위로 촘촘하게 계획했다. 2023년 4월, 공덕동 사거리에서 바지에 오줌을 싸버린 사건이 나를 다잡게 했다. 다시는 당황해서 큰 실수를 하고 싶지 않았다.

정해진 계획표만 보고 그대로 따르면 아무 문제없을 상황을 만들어야 했다. MBTI로 따지면 나는 원래 P 성향 100퍼센트의 무계획형 인간이었다. 계획 없이 여행을 가도 부담을 느끼지 않아 공항 가는 길에 비행기표를 끊는 일도 많았다. 그랬던 내가 여행 계획이라니.

출국하던 날, 늦잠을 자는 바람에 출국 두 시간 전에야 눈을 떴다. 다행히 전날 촘촘히 세워둔 계획표 덕분에 당황하지 않고 최적의 루트로 움직인 덕에 비행기를 놓치지 않았다. 오히려 "오, 이게 바로 계획의 장점이야!"라며 감탄사를 연발했다. 아무리 당황하고 망할 것 같아도 계획하고 대비하면 다 해결할 수 있다는 생각이 들었다. 비행기를 놓치면 수수료가 몇십만 원이라는 현실적인 두려움에 빛의 속도로 움직였다. 그 덕에 비행기를 타자마자 긴장이 풀려 곯아떨어졌다. 수수료 앞에서는 공황도 무기력해지나 싶어 웃음이 났다.

혼자 일본 여행을 하는 과정은 쉽지 않았다. 많은 사람이 모여드는 공연장에서 앞뒤로 조금만 미는 게 느껴져도 심장이 두근거렸다. 다시는 스탠딩 펜스 안으로 들어가 예전처럼 사람들과 섞이고 부대끼며 무대를 즐기지는 못할 것 같았다. 여전히 무서운 게 많다. 그래도 원래의 나로 돌아갈 수 있다면 나를 그대로 두기보다 열심히 부딪치고 도전할 것이다. 아니, 원래의 나로 돌아갈 수 없어도 괜찮다. 그저 어제보다 나은 내가 될 수 있다면 하고 바란다.

2023년 8월 마지막 주, 나는 〈오마이뉴스〉에서 뽑은 '올해의 뉴스게릴라' 상을 받았다. 대인기피증으로 힘들어하고 있던 내게 그 시상식은 버거웠지만 그래도 용기를 내 참석했다. 예상치 못한 상황에 부딪히면 여전히 경직되는 나는 수상 소감을 말해달라는 요청에 얼어버렸고 상을 받으며 어린아이처럼 울었다. 솔직히 창피했으나 이젠 그러려니 할 정도로 인정도 빨라졌다. '역시, 아직 멀었군' 하면서 말이다.

"자신의 경험과 감정을 솔직히 담아 쓴 〈이태원 참사 생존자의 이야기〉 덕분에 우리는 잊지 못할 그날의 실상을 알고 단단한 연대의 마음을 다질 수 있었습니다."

상패 메시지를 보며 나는 다시 한번 용기를 얻었다. 그동안 글을 쓴 것을 후회하기도 하고 마음고생도 많이 했는데 이것으로 다 위로받는 느낌이었다. 이 책 역시 쓰길 잘했다고 생각한다. 아니, 확신한다.

또 한 가지 기쁜 소식이 있다. 한 번의 만남을 끝으로 영원히 이별할 것 같던 당근마켓 아기와 다시 인연을 맺어 일이 주에 한 번씩 들러 아기를 봐주기로 했다. 요즘 내 유튜브 알고리즘은 신생아 브이로그, 써보고 추천하는 육아템, 우리 아이 이앓이 건강하게 보내는 법 등인데 정말 재미있다. 간단한 목표도 생겼다. 신문사에 연재하던 이태원 참사 생존자 기사를 이젠 '참사 생존자의 좌충우돌 베이비시터 도전기'라는 제목으로 쓰고 싶어졌다.

　에어비앤비 써니와는 그새 더욱 친해졌다. 써니에게 배운 숙박 사업을 밑천으로 나중에 나이 들어 사업을 해보는 것도 나쁘지 않겠다 싶다. 써니도 도와주겠단다. 이렇게 언제 이뤄질지 모르는 먼 미래를 상상하는 것이 가능해졌다는 게 새삼, 감사하다. 나종호 선생님은 먼 미래를 보지 말고 오늘 하루만 살아도 살 수 있다고 했는데. 문득 "선생님, 저 많이 발전했어요"라고 말을 걸고 싶어졌다.

　이제 나는 예고 없이 찾아온 고통을 '평생 갈 친구'처럼 받아들이기로 했다. 어떻게 하면 그 친구와 같이 잘 살아갈지 생각하니 많은 것이 바뀌었다. 나만 그런 게 아니라 사람들 모두 저마다 자기 고통을 안고 평생 살아가지 않을까 싶다. 이 책을 읽는 사람은 고통을 외면하거나 없애려 하지 말고 살살 달래가며, 관리도 해가며 살아가보자고 생각했으면 좋겠다.

　내가 선 지금 이곳에서 뒤를 돌아본다. 고통스러운 기억이 파도처럼 밀려온다. 그럼에도 나는 살아 있다. 마냥 힘들기만 했던 것은 아니었다는 감각이 기억을 비집고 떠오른다. 나와 함께 했던 사람들, 내 손을 잡아주었던 세상이 거기 있었다.

　돌아보니 나를 살린 것은 '연결감'이었다. 나는 혼자가 아니라는 믿음, 내가 타인과 연결되어 있다는 확신이 나를 숨 쉬게 했다. 이 책을 계기로 삶의 무게 때문에 힘들어하는 사람과 연결되고 싶다. 내가 살아가듯 그 누군가도 연결감으로 살아갈 수 있다면 더 이상 바랄 것이 없다.

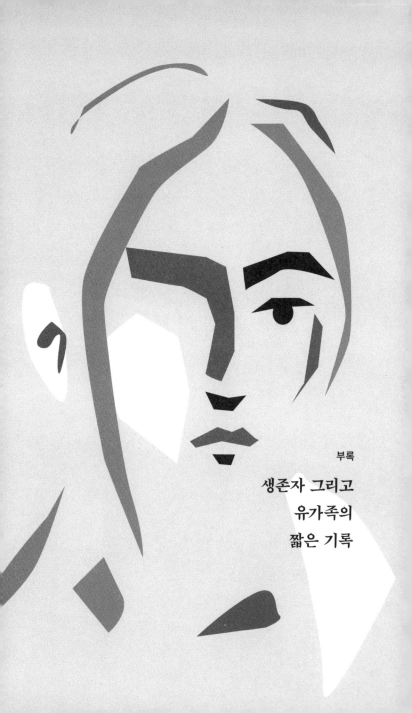

부록

생존자 그리고
유가족의
짧은 기록

1. 생존자 병우 씨 이야기

 # 10월 29일, 17시

그날은 주영이와 청담동으로 웨딩드레스를 보러갔던 날이었
어요. 설레는 마음으로 집에서 출발했죠. 청담동에서 웨딩드
레스 구경하고 정리하니까 오후 다섯 시가 됐어요. '우리 뭐할
까' 하다가 '이태원에 가서 할로윈 파티 조금이라도 구경하고
집에 가자' 해서 이태원으로 갔어요.

 # 21시 50분, 세계음식문화거리

처음에는 우리가 팔짱을 끼고 다녔는데 사람이 많다 보니 그럴 수 없었어요. 그래서 주영이를 제 앞에 세우고 제가 어깨 위에 손을 올리고 나란히 걸었어요.

해밀턴 호텔 뒷골목에 도착했는데 큰 파도에 휩쓸려가는 느낌이었어요. 일단 한번 파도에 들어가면 아무리 발버둥 쳐도 원하는 방향으로 갈 수 없잖아요. 마치 그런 것처럼 사람들이 한 방향으로 다 같이 흘러가는 느낌이었어요. 이러다 큰일 나겠다 싶은 생각이 들어서 '주영아 다음 골목에서 나가자' 하고 제가 주영이 어깨를 잡아 방향을 틀어 제게 의지하게 해서 같이 1번 출구 방향으로 내려가게 됐어요.

 # 22시 15분부터 22시 20분

방향을 겨우겨우 틀어서 참사 현장이던 비탈진 골목길 아래쪽으로 내려가게 됐어요. 사람이 너무 많아서 끼어 있다가 어느 순간 저도 모르게 정신을 잃었어요.

의식이 돌아온 뒤에 보니 제가 어느 힙합 클럽 앞에 있더라고요. 5미터 정도 저도 모르게 의식이 없는 상태로 내려갔던 것 같아요. 눈을 떠보니 이미 주영이를 놓친 상황이었어요. 너무 놀라 주변을 두리번거리니 주영이가 대각선 앞에서 힘없이 고개를 떨구고 있더라고요. "주영아, 뭐해" 하고 불렀는데도 답이 없었어요. 눈이 감겨 있었고 의식이 없는 상태였어요. 그런 상황에서도 어찌할 도리 없이 끼어 있는 채로 2~30분을 서 있을 수밖에 없었어요.

그 시간 동안 다른 생각은 전혀 들지 않았어요. 어서 빨리 주영이를 깨워야겠다, 정신 차리게 해야겠다, 그 생각밖에 안 들더라고요. 그래서 주영이 곁에서 정신 차리라고 소리 지르고 뺨 때리고 클럽 직원이 나눠준 물을 얼굴에 뿌렸어요. '빨리 구조대원이 왔으면 좋겠다, 주영이를 여기서 끄집어냈으면 좋겠다'는 생각뿐이었어요.

22시 40분

밤 10시 40분이 조금 넘어서 참사 현장 앞쪽에 구조대원이 도착했다는 소리가 들렸어요. '아, 이제 구조되겠다!' 싶었는데 앞쪽에 사람들이 얼기설기 쌓여 있으니까 구조가 불가능한 상황이었던 거예요. 그래서 '후면으로 진입해야 한다'는 이야기가 들렸고 그때부터 다시 20분간 끼어 있는 상태로 기다리기만 했어요.

밤 11시가 조금 넘었을 때 구조대원이 참사 현장 후면부로 도착했다는 소식이 들리더라고요. 그래서 빨리 구조될 줄 알았어요. 그런데 제가 구조되기까지 또 한참 걸리더라고요.

아무래도 쌓인 사람들을 하나씩 다 걷어내야 하고, 그 사람들을 바닥에 눕힐 공간을 마련해야 하니 시간이 더 걸린 것 같아요.

밑에 깔려서 죽은 사람보다 선 채로 질식해서 사망한 사람들이 훨씬 많다는 걸 그때 알았어요. 산소가 부족하다거나 숨 쉬기 힘들어서가 아니라, 흉부가 움직여야 하는데 그럴 수 없어서, 그래서 선 채로 돌아가신 거더라고요. 제가 11시 20분쯤 구조되었는데, 주영이도 그쯤 같이 구조됐어요. 우리는 둘다 그 앞에 있는 힙합 클럽 안으로 옮겨졌습니다. 구조대원이 주영이를 숨 쉬게 하려고 CPR을 했지만 의식이 돌아오지 않았고, 저도 계속 CPR을 했지만 무언가 크게 잘못되었다는 것을 속으로 느끼고 있었어요. 중간에 한번 구토를 하기에 희망을 갖기도 했지만, 자가 호흡이 없는 상태가 너무 오래 지속됐어요. 어느 순간 구조대원에게 가망이 없을 것 같다는 이야기를 들었습니다.

그날 이후

무슨 정신으로 살았나 모르겠어요. 저는 4중 상담 치료를 했어요. 국가트라우마센터부터 구청이랑 정부에서 지원해주는 프로그램, 그리고 개인적인 심리 상담까지. 일상이 무너진다는 게 이런 거구나 싶었고, 그냥 정말 일 년을 어떻게 살았는지 모르겠다는 생각만 드네요. 직장도 못 다니겠더라고요. 그만둘까도 진지하게 고민했는데, 최대한 일상으로 복귀하는 것이 치료에 도움이 된다고 해서 정말 악착같이 집중하고 버텼어요.

무너지지 않으려고 애를 쓴 덕인지 그동안은 좀 그래도 괜찮았거든요. 잠도 좀 자고, 그 덕에 약도 좀 줄였었는데, 최근에 다시 힘들어졌어요. 10월이 다가오기도 하고, 사실 주영이랑 예정되었던 결혼식 날짜가 9월 10일이었어요. 바로 며칠 전이죠.* 너무 힘들더라고요. 그래서 약 용량을 다시 늘렸어요. 그냥 힘들어요.

참사 직후에는 이름이나 얼굴을 밝히지 않았고 인터뷰도 안 했는데, 지금은 그러지 않아요. 제 이름은 서병우입니다. 다큐에 출연하면서 얼굴도 밝히고 있어요. 그때는 충격을 심

---

* 이 인터뷰는 2023년 9월 12일에 진행됐다.

하게 받았어요. 적어도 사람들은 우리 편일 거라 생각했는데, 이야기를 들어주고 같이 가슴 아파해줄 거라 생각했는데, 악플을 보고 너무 큰 충격을 받았던 거예요. 숨어야겠다는 생각을 했던 것 같아요. 지금은 생각이 많이 바뀌었어요. '잘못한 게 없는데 내가 왜 숨나, 가릴 이유가 없다, 자꾸 말해야 한다' 이렇게요. 결혼식장 예약 취소할 때, 웨딩플래너와 잡은 약속도 취소할 때, 모든 순간이 다 생각나네요. 정말 힘들었는데……. 예약 취소하면서 참사 이야기를 해야 하나 말아야 하나 이런 고민을 했던 게 떠올라요, 참. 그동안 정말 어떻게 살았나 싶네요. 지금은 그냥 슬퍼요. 아마도 10월, 연말까지 이 슬픔이 이어지겠죠.

그래도, 사람들이 이전처럼 헬러윈에 많이들 즐기러 나왔으면 좋겠어요. 금기시되거나 하지 않고, 더 안전하게 잘 놀 수 있다는 걸 보여줬으면 좋겠어요.

2. 서형주 씨 누나 이현 씨 이야기

사망하면, 통신사에서 알아서 몇 달 후에 휴대전화번호를 없애고 정지시키나 보더라고. 나는 몰랐어. 어느 순간, 연락했더니 없는 번호라는 거야. 미친 사람처럼 통신사에 전화해서 어떻게 된 거냐고 막 따졌어. 어쩔 수 없다더라고. 다른 사람이 그 번호 가져가버리면 우리 형주 카카오톡이 없어지잖아. 그게 너무 싫었어. 아빠가 가끔 형주한테 카톡 보내거든.

우리 아빠가 참사 이후에 가장 멀쩡했거든. 오히려 우리 가족 모두 다독이면서 정신 차리고 잘 살자고, 야무지게 이끌고 그랬는데. 요즘 아빠가 이상해. 멍하니 정신이 나간 사람처럼 말을 해도 잘 못 알아듣고. 정말 이상해서 "아빠 왜 그래?

병원에 좀 가봐" 했더니 우울증이래. 아빠는, 슬픔도 충격도 늦게 왔나 봐. 초반에 너무 아무렇지 않게 주변이랑 스스로를 다독이느라 그랬나. 그런 아빠가 형주한테 카톡을 꾸준히 보내는 걸 내가 아는데, 그걸 어떻게 없애. 어떻게든 내 이름으로 다시 그 번호 가입해서 그걸 살렸어.

그러고서 어느 날 우연히 형주 휴대전화에 있는 카카오톡 단체 채팅방을 쭉 봤거든. 메시지가 잘 보내지나 어쩌나 확인하다가 우연히 그 단체 채팅방에 'ㅇ' 하나를 보냈어. 그랬더니 그 방에서 난리가 난거야. '야, 형주 드디어 대답했다. 형주야' 하면서. 형주 상황을 모르고 있던 애들도 있었나 보더라고. 그냥 친목 대화방이었던 것 같아. 그래서 내가 고민하다가 형주가 참사로 세상을 떠났다고 이야기해줬어.

그 채팅방에 형주가 그날 이태원 사진을 보낸 게 있더라고. 애들이 형주한테 그런 얘기를 해줬대. '핼러윈 홍대에서도 하고 강남에서도 한다는데!' 그랬더니 우리 형주가 그랬대. '아 몰라, 핼러윈은 이태원이 짱이야.' 너무 마음 아프잖아. 이태원이 그렇게 짱이라고 했다는 게.

초롱 씨, 그거 알아? 죄책감은 전염이 된다? 형주 그렇게 된 거 알고 나니까 그 방에 있던 친구들이 저마다 자기만의 사연으로 죄책감을 가지게 됐다나 봐. '핼러윈은 이태원에

서 즐겨야 재미있다는 거 내가 알려줬는데, 괜히 알려줬다' 이
러면서. 어떤 애가 나한테 따로 메시지를 보내왔어. 죄송하다
고. 이게 뭐가 죄송할 일이야. 그렇잖아. 나 정말 속상했어. 진
짜로.

초롱 씨, 나 가끔 초롱 씨 만나면 이런 생각한다? 우리 형
주가 살아 있었으면 초롱 씨처럼 이렇게 이야기하고 이런 모
습이었을 텐데 하고. 그런데 초롱씨도 나름대로 참 힘들 텐데,
그치.

엄마는 잘 계시느냐는 질문에

엄마랑 저번에 같이 길을 가는데, 지인을 만난 거야. 그 지인
이 위로한다고, 다가오면서 '소식 들었다' 하는데 엄마가 이상
하게 굴더라고. 사람 눈을 안 보고, 허공을 보면서 눈알을 굴
리고, 딴청을 피우고 막 여기저기 고개 돌리는 거야. 근데 또
대답은 잘해. 그래서 내가 엄마한테 그랬지.

"아니 엄마, 엄마는 왜 사람이랑 대화를 하는데, 그 사람
을 쳐다보지 않고 자꾸 딴 데를 보고 그래?"

그랬더니 우리 엄마가 뭐라는 줄 알아?

"나는, 내 딴에는 참으려고, 참아보려고 그런 거지 또 울

까 봐서."

나는 내 동생이지만, 엄마 아빠가 너무 힘들어하는 거 보면 이런 생각도 들어. 서운해. 나도 자식인데. 못 났지? 그냥 그렇다고, 말이나 하는 거야. 그럴 때도 있다는 거지. 모르겠어, 감정이 복잡해. 여러모로 힘들고 복잡하고 슬프고. 10월을 어떻게 견디나 싶어. 지금 벌써부터 가슴이 먹먹해.

제가
참사
생존자인가요

초판 1쇄 펴낸날 2023년 10월 29일
2쇄 펴낸날 2023년 12월 26일

지은이 김초롱
펴낸이 이은정

제작 제이오
디자인 형태와내용사이
조판 김경진

펴낸곳 도서출판 아몬드
출판등록 2021년 2월 23일 제2021-000045호
주소 (우 10416) 경기도 고양시 일산동구 강송로 156
전화 031-922-2103 팩스 031-5176-0311
전자우편 almondbook@naver.com
페이스북 /almondbook2021 인스타그램 @almondbook

ⓒ 김초롱 2023
ISBN 979-11-92465-13-5 (03180)